DEMMLER VERLAG

*Herausgegeben mit freundlicher Unterstützung
der Gesellschaft der Freunde
des Mecklenburgischen Staatstheaters Schwerin e.V.*

*

*Das Buch wurde weiterhin gefördert durch
das Kultusministerium des Landes
Mecklenburg-Vorpommern,
die Nord/LB Landesbank für
Mecklenburg-Vorpommern,
die Sparkasse Schwerin sowie durch
Heinrich Eggers (Hamburg/Schwerin)
und Holger Saubert (Schwerin).*

Ernst Hartmann (1818-1900)
Entwurf zum Vorhang des Schweriner Theaters 1885
Öl auf Pappe, Staatliches Museum Schwerin

Manfred Zelt

Morgen war Premiere

Schweriner Theatergeschichten

Mit Beiträgen
von Jürgen Borchert und Werner Stockfisch

DEMMLER VERLAG

Titelfoto: Schweriner Theatergebäude am Abend
Fotoagentur Schad, Schwerin
Fotos: siehe Bild- und Dokumentennachweis S. 231

Für die Veröffentlichungsgenehmigung der Fotos sei dem Archiv des Mecklenburgischen Staatstheaters Schwerin, der Landesbibliothek Mecklenburg-Vorpommern, dem Stadtgeschichtsmuseum Schwerin, dem Staatlichen Museum Schwerin sowie Günter Grewolls (Schwerin) herzlich gedankt.

Dr. Margot Krempien
Bahnhofstraße 36, 19057 Schwerin
Telefon /Fax: 0385/4844979
E-Mail: vertrieb@demmlerverlag.de.
http:// www.demmlerverlag.de

Satz und Lithos: Demmler Verlag, Matthias Krempien
Druck: Druck- und Verlagshaus Erfurt
Bindung: Kunst- und Verlagsbuchbinderei Leipzig

ISBN 3-910150-41-1

INHALT

Auch die Vergangenheit war einmal Gegenwart, Gegenwart Zukunft. Es gibt keine Grenzlinie. Die Zeiten greifen ineinander. Heute gehen wir ins Theater, sagt die Frau zum Mann, dem keine Ausrede zugestanden wird. Jeden Tag (bis auf den schwierigen Wochenanfang, die Sommerpausen und überstandene Bauperioden) wird gespielt, und das ist für die Künstler eine immer neue Herausforderung, für das Publikum aber ein abendliches Fest. Theater ist seit alten Zeiten gut fürs Erzählen, für Thomas Manns „raunendes Beschwören des Imperfekts“. Für Erinnerungen und Anekdoten. Was gab es doch für eine Aufregung – wißt ihr noch? - und morgen war Premiere!

Der Theaterkritiker Manfred Zelt besucht seit mehr als vier Jahrzehnten Schweriner Aufführungen und schreibt darüber. Das war bewegte Gegenwart und ist lebendige Geschichte. Die Kritiken stehen in den von Bibliotheken bewahrten Zeitungen und Zeitschriften; manch altes Papier gilbt gar schon. Wie der Kritiker in schwierigen Zeiten – und welche wäre das nicht? – Theater und Theatermenschen erlebt hat, das – er hat es schließlich eingesehen - mußte er aufschreiben. Scherz, Satire, Ironie und tiefere Bedeutung...

Es galt aber, die Erzählung in einen weiteren Zusammenhang zu stellen. So schrieb Jürgen Borchert, Verfasser vieler kulturhistorischer Bücher, einen Essay über die Geschichte des Schweriner Theaters von ihren Anfängen bis in die Nachkriegsjahre unseres

Jahrhunderts. Theater erwies sich als ein Spiegelbild von Verhältnissen und Bestrebungen, von Räson und Amüsement.

Schließlich stellte Werner Stockfisch eine umfangreiche Chronik des Schweriner Theaters zusammen. Die Archive brachten manches ans Licht, was bisher so nicht bekannt war. Und schöne Bilder. Die Fotografie hat von ihren Anfängen an das Theater begleitet – kein Wunder, denn beide Künste leben vom Hinsehen.

Und nun wird der Vorhang aufgezogen!

Jürgen Borchert

Schwerins „moralische Anstalt"

Versuch einer Bühnengeschichte

„Obgleich dieser Versuch einer Geschichte des Theaters in Mecklenburg-Schwerin das Resultat mehrjährigen Sammelns ist, macht er doch keineswegs Ansprüche auf eine völlige Abgeschlossenheit irgend eines Theiles des Inhalts", so leitete Hans Wilhelm Bärensprung (1800-1844) seinen 1837 erschienenen „Versuch einer Geschichte ..." ein. Diesem Satz schließe ich mich gern an, wenngleich oder gerade weil mein Versuch noch anderthalb Jahrhunderte mehr umgreift, viereinhalb Jahrhunderte abgelaufener Zeit, 450 Jahre einer Geschichte, die zugleich eine Geschichte der Stadt und des Landes ist.

Theaterspiel gibt es wohl, solange es die Vernunft gibt. Sie stellt sich selbst dar, sie erklärt, kommentiert, karikiert und persifliert sich selbst auf den Brettern, die die Welt bedeuten. Theater geht nur mit der Vernunft, auch wenn die Mimen mitunter in das Kleid des Narren schlüpfen. Eulenspiegel tanzt und hält uns den Spiegel vor. Die auf der Bühne - das sind wir.

Die Chronologie des Theaters in Schwerin, die wir dem Büchlein zum Übersichtsgewinn beigegeben haben, beginnt mit der Jahreszahl 1557. Diese Zahl stammt aus einem Ausgabenregister des großen Renaissance-Fürsten Johann Albrecht I. und macht durch ihre Herkunft wieder einmal die Wahrheit des Satzes deutlich, daß die Nachwelt dem Mimen die Kränze versagt. Der Architekt lebt in seinem Bauwerk, der Maler in seinem Bild, der

Dichter in seinem Roman. Der Schauspieler bleibt eine Weile im Gedächtnis und höchstens in den Akten der Finanzbehörden, vorausgesetzt, man bewahrt sie lange genug auf.

Herzog Johann Albrecht I. (1525-1576) riß Mecklenburg aus den Fesseln des Mittelalters los. Er hatte an der Viadrina zu Frankfurt an der Oder studiert, korrespondierte mit Luther und Melanchthon, holte David Chyträus, den österreichischen Reformator, ins Land und beauftragte Tilemann Stella, sein Land Mecklenburg zu vermessen und einen Kanal zu projektieren, der die Elbe mit der Ostsee verbinden sollte. 1555 heiratete Johann Albrecht seine zierliche Braut, die Prinzessin Anna Sophia von Brandenburg, in Wismar, wo der Fürstenhof zu diesem Zweck nach italienischen Vorbildern prunkvoll umgebaut worden war. Bis heute schmücken diesen fast südländischen Bau plastische Friese, die im Innenhof eine sinnenfreudige Ausdeutung des Gleichnisses von der Heimkehr des verlorenen Sohnes zeigen - wie da gefeiert wird mit Pauken und Trompeten. Zwei Jahre später engagierte der Fürst Komödianten und ließ sie recht anständig bezahlen. Auch die Hofmusik institutionalisierte er: 1563 wurde David Köler der allererste Hofkapellmeister, der damit einem der ältesten deutschen höfischen Klangkörper vorstand.

Nach Johann Albrechts Tod werden die Nachrichten wieder spärlicher, denn das Geld wurde knapp, und - was noch schlimmer war für das Theater und die Musik im Lande - die Nachfolger Johann Albrechts hatten bei weitem nicht sein Format. Sein Sohn Johann VII. litt unter der vom Vater hinterlassenen Schuldenlast, wurde schwermütig und nahm sich das Leben. Sein Enkel

Adolf Friedrich I. stritt sich mit seinem Bruder um das Erbteil herum, erstickte politisch am Dreißigjährigen Krieg und schikanierte seine Untertanen. Sein Urenkel Christian I. Ludwig („Louis“) ließ Mecklenburg überhaupt so gut wie unregiert liegen und brachte die Steuergroschen seines Volkes in Paris durch. Louis’ Bruder Friedrich kam nicht zur Regierung. Erst Johann Albrechts Ururenkel Friedrich Wilhelm, der 1692 auf den Thron gelangte, konzentrierte sich wieder auf das Land und seine Residenzstadt Schwerin, die ihm die Anlage der Schelfstadt verdankt. Auch dem Theaterspiel war er gewogen. 1701 engagierte er eine Hofschauspielgesellschaft und schuf damit das erste feste Theaterensemble in Schwerin. Auch die seit fast anderthalb Jahrhunderten vernachlässigte Hofmusik belebte er wieder und ließ von Johann Fischer aus Augsburg eine zunächst aus zwölf Herren bestehende Hofkapelle neu begründen.

Mit dem Jahre 1701 begann eine einigermaßen sicher zu verfolgende, kontinuierliche Entwicklung des Hoftheaters. Zwar wurde auch sie durch allerhand Zeitereignisse gelegentlich zurückgeworfen, unterbrochen und gestört, aber doch nicht gänzlich ausgelöscht. Herzog Friedrich Wilhelm hielt augenscheinlich seine schützende Hand über Mimen und Musici, baute ihnen auf der Burginsel ein Komödienhaus, das gleichzeitig als Orangerie diente, woraus wir schließen können, daß nur im Sommer gespielt wurde. Immerhin wurden sogar Gastspielreisen nach Berlin unternommen, und seit 1708 amtierte gar ein richtiger „Intendant“. 1713 starb Friedrich Wilhelm; mit seinem Tod trat wieder eine der schon erwähnten Unterbrechungen ein.

Friedrich Wilhelms Sohn Karl Leopold war ein Machtmensch. Er suchte Händel mit den Seestädten und der Ritterschaft und unternahm vielerlei Versuche, sich zum absoluten Herrscher aufzuschwingen. Hilfe suchte er bei Zar Peter I. und seinen Soldaten. Seine rüden Umgangsformen und seine rigide Machtpolitik weckten jedoch den ritterschaftlichen Widerstand und den der Rostocker, die ihre alten Freiheiten in Gefahr sahen. Sie fanden Gehör bei Kaiser Karl VI., der den Despoten Karl Leopold - übrigens der einzige Despot in der Geschichte der Obotritendynastie - unter Kuratel stellte und seinen Bruder Christian Ludwig II. zunächst zum Administrator (1728) und zum Kaiserlichen Kommissar einsetzte.

Damit kam nun auch die Kunst wieder zu ihrem Recht, denn Christian Ludwig war ihr wohlgesonnen wie kein Fürst vor ihm. Man kann mit Fug sagen: Alles, was nach Karl Leopold in Mecklenburg-Schwerin mit Kunst zu tun hatte, hatte mit Christian Ludwig zu tun. Seine kostbare und berühmte holländische Gemäldesammlung ist bis heute der trefflichste Beweis dafür.

1740 holte Christian Ludwig den erfahrenen Schauspieler und Theaterdirektoren Johann Friedrich Schönemann an seinen Hof und erhob seine Truppe in den Stand „Mecklenburg-Schwerinscher Hofcomödianten“. Gespielt wurden Tragödien nach antiken Stoffen und Harlekinaden in der Mode der Zeit.

Johann Friedrich Schönemann war ein ungemein vielseitiger und sehr gebildeter Mensch. Er stammte aus Crossen (*1704), hatte in Frankfurt an der Oder Medizin studiert, entdeckte dann aber sein schauspielerisches Talent und schloß sich 1730 der

Theatergruppe der Prinzipalin Friederike Caroline Neuber an, der Neuberin, wie diese berühmteste Schauspielerin ihrer Zeit landläufig genannt wurde.

Schönemanns erster Aufenthalt in Schwerin war leider nur von kurzer Dauer, denn der Schweriner Hof trat nach dem Tode Kaiser Karls VI. am 20. Oktober 1740 in eine Hoftrauer ein, zu der sich Christian Ludwig verpflichtet sah, zumal es gerade Karl VI. gewesen war, der seinen tyrannischen Bruder der Machthabe entsetzt und ihn selbst zum Kommissarius in Mecklenburg berufen hatte.

Immerhin wissen wir aus einem erhaltenen Theaterzettel, daß Schönemanns Truppe im Saal des Rathauses spielte. Gegeben wurde die Tragödie „Die Makkabäer" von Antoine Houdar de La Motte. Dieses Stück war für seine Zeit recht modern; es war ursprünglich in Prosa geschrieben und bei seiner Schweriner Aufführung erst fünf Jahre alt. Wer es ins Deutsche übertrug, wissen wir nicht, der Titel des Stückes war allerdings auf deutsch-barocke Art aufgeblasen und weitschweifig („Die unter der Grausamkeit des Antiochus hingerichteten sieben Söhne oder Die Standhaftigkeit der Makkabäer"). Zudem war es, dem deutschen Geschmack folgend, bei der Übersetzung in deutsche Blankverse gebracht. Neun Personen agierten auf der Bühne, unter denen zwei Schauspielernamen Aufmerksamkeit erregten: Konrad Ernst Ackermann und Conrad Ekhof. Ackermann war ein junger Schauspieler aus Redefin in Mecklenburg, der später mit Lessing in Hamburg zusammenarbeitete und an der Schaffung eines deutschen Nationaltheaters erheblichen Anteil hatte.

Johann Friedrich Schönemann
(1704-1782),
einer der ersten Theaterdirektoren am
Mecklenburg-Schwerinschen Hof

Aus dem erwähnten Theaterzettel wissen wir auch, daß die angekündigte Vorstellung am 14. September 1740 schon eine Wiederholung „des großen Erfolges wegen“ gewesen sein muß und, daß der Herzog höchstpersönlich diese Wiederholung befohlen hat: „... auf gnädiges Begehren“, so heißt es da, werde das Stück „nochmals vorgestellt“. Wir erfahren etwas über die Preise für die einzelnen Platzgruppen und über die Sitzgelegenheiten. Es waren Bänke, auf denen man vorn für 12, in der Mitte für 8 und hinten für 4 Schillinge saß. „Stühle werden besonders bezahlt“. So war das Vergnügen durchaus kein billiges. Höchst modern mutet an, daß es sogar einen Vorbestelldienst gab, wo man „in Kiesewieters Haus in der Salzstraße“ Billetts bestellen und bezahlen konnte, damit man sich nicht in die Schlange an der Abendkasse reihen mußte. Alles war darauf angelegt, der Sache einen seriösen Anstrich zu geben und jeden Eindruck von Wanderschmiere zu vermeiden. Ausdrücklich ließ Direktor Schönemann bekanntmachen, daß „um kein Lermen in der Stadt zu machen ..., keine Trommel unsretwegen gerührt werden wird“.

Die Hoftrauer um Karl VI. unterbrach dann den verheißungsvollen Auftakt. Schönemann konnte mit seiner Truppe natürlich nicht abwarten, bis man die Trauerzeit aufheben würde. Er ging nach Hamburg, wo er 1741 den „Cid“ von Corneille gab, zog durch Preußen, gastierte längere Zeit in Berlin, spielte 1745 mit der Neuberin in Leipzig und wurde als Theaterprinzipal, Schauspieler und Regisseur in Norddeutschland berühmt. 1750 erneuerte Herzog Christian II. Ludwig seinen Ruf an Johann Friedrich Schönemann.

Damit begann für sechs Jahre die glanzvolle erste Blütezeit des Theaters in Schwerin.

1751 schon erhielt Schönemann einen Vertrag für sich und sein Ensemble. Man war jetzt fest angestellt, bespielte die wichtigen Städte des Herzogtums, besonders Rostock, wo der Herzog 1751 ein eigenes kleines „Comödienhaus" bauen ließ, und benutzte als Hauptspielstätte den Redoutensaal des Schweriner Schlosses. Mit besonderer Erlaubnis und Förderung des Fürsten reiste Schönemann mit seinen Leuten häufig nach Hamburg. Conrad Ekhof, der talentierteste unter Schönemanns Mitarbeitern, der sich übrigens nicht selten an den etwas konventionellen Ansichten seines Chefs rieb, begründete 1753 in Schwerin mit tatkräftiger fürstlicher Förderung eine Akademie für die Kunst des Schauspielers. Dies war die erste deutsche Schauspielerakademie überhaupt. Im „Gothaischen Theaterkalender auf das Jahr 1779" erschien ein Nachruf auf den 1778 gestorbenen Ekhof, in dem von dieser Akademie Mitteilung gemacht wird: „Den 5. Mai 1753 war zu Schwerin die erste Vorbereitungssitzung. Es wurden 24 Artikel verlesen, welche die Grundverfassung der Gesellschaft enthielten. Die Mitglieder nahmen ihren Sitz nach der Anciennität (dem Dienstalter, J.B.) ihrer theatralischen Laufbahn ein ... Die Versammlungen geschahen alle 14 Tage, nachmittags von 2 bis 4 Uhr.(...) In jeder wurden teils neue Stücke vorgelesen und ausgeteilt (...) teils Abhandlungen vorgetragen, teils sich über einige Teile der Schauspielkunst besprochen und hierbei das Augenmerk auf vier Punkte gerichtet: Schauspiel, (das) Theater, Schauspieler, Vorstellungskunst.

Conrad Ekhof (1720-1778)
Begründer der ersten Schauspielerakademie

Der Lehrer, der diese Betrachtungen anstellte, war der würdigste, den die Gesellschaft wählen konnte, war Ekhof." Conrad Ekhof dehnte seine Akademie-Bestrebungen auch nach Hamburg aus, aber schon am 15. Juni 1754 fand dort die letzte Sitzung der Akademie statt. Sie erlosch wieder; mißgünstige Zeitgenossen und teilnahmslose Öffentlichkeit stoppten diesen grandiosen

Versuch, konnten aber doch nicht verhindern, daß die Menschendarstellung auf der Bühne nach und nach ihre Anerkennung als gleichberechtigte unter den schönen Künsten endlich errang. Lessings „Hamburgische Dramaturgie" war der krönende Höhepunkt einer Entwicklung, die mit Conrad Ekhofs Akademie in Schwerin begann.

Ein Blick in den Spielplan der Schönemannschen Truppe, wie er in Schwerin, Rostock, Güstrow und in Hamburg, aber auch bei gelegentlichen Gastspielen in Berlin gestaltet war, läßt mit Stücken von Gellert, Gleim und Gottsched den Zeitgeist des blühenden Barock erkennen, aber er zeigt auch das Streben nach kritischen, für die Verhältnisse jener Jahre nahezu aufrührerischen Stücken, die der Schweriner Hofgesellschaft wohl nicht eben behagten, da sie sie aufs boshafteste karikierten: Molières „Tartuffe", so ein Stück aus der Wirklichkeit des verfilzten Bürgerlebens, ging bereits am 5. November 1750 erstmals über die Schweriner Bretter. Allerdings mußte Schönemann, wohl um die wohlanständige Gesellschaft der Residenz nicht zu sehr zu verärgern, Gellerts süßliches Schäferspiel „Sylvia" als Nachspiel servieren.

Auch die Hofkapelle schritt unter der anfeuernden Ägide des Herzogs voran. 1749 hatte Adolph Carl Kuntzen das Konzertmeisteramt übernommen, und 1754 kam Johann Wilhelm Hertel aus Strelitz nach Schwerin und wurde Hof- und Capellcompositeur. Mit ihm gewann der Schweriner Hof eine bedeutende künstlerische Persönlichkeit.

Ob er es auch war, der ein Jahr später einer italienischen Opern-

Die herzogliche Hofkapelle von 1770
Kreidezeichnung (verschollen) von Georg David Matthieu

gesellschaft den Zugang zur Schweriner Hofbühne eröffnete, wissen wir nicht sicher, aber Carl Heinrich Grauns Oper „Montezuma", die eben an der von Graun geleiteten Königlichen Oper in Berlin uraufgeführt worden war, brachte Hertel mit seiner Hofkapelle auf die Bühne.

Mit dem Tode Christians II. Ludwig am 30. Mai 1757 wurde das Aufblühen des fürstlich geförderten Theaterlebens am Schweriner Hof jäh gestoppt. Der Herzog war 1747, nach dem Ableben seines ruhelosen und umtriebigen Bruders Karl Leopold, nun auch in dynastischem Sinne „regierender" Herzog geworden, aber die Kräfte des sanftmütigen Schöngeistes waren im ewigen Streit mit der halsstarrigen Ritterschaft verbraucht. Zwar hatte er, stets auf Ausgleich bedacht, mit den Ständen seinen berühmt-berüchtigten Landesgrundgesetzlichen Erbvergleich geschlossen, der als Landesverfassung nur mit kurzzeitiger Unterbrechung von 1849/50 bis 1918 in Kraft bleiben sollte, aber innere Ruhe und Zerstreuung konnten ihm weder seine intensive Sammlertätigkeit noch sein Mäzenatentum und seine Theaterleidenschaft auf Dauer verschaffen. Sein Sohn Friedrich, durchaus wohlgeraten, sehr intelligent und gebildet, war dennoch keine rechte Freude für seinen epikureischen Vater - er gab sich sittenstreng und „oberfromm“ und stand seines Vaters kostspieligen Neigungen ablehnend gegenüber. Er war, als Christian Ludwig II. starb, bereits 39 Jahre alt. Das Theater besuchte er nie, und die Bilder in Vaters Galerie verursachten ihm moralischen Schauder. Bezeichnend ist eine Anekdote, nach der Friedrich mit seiner Frau Luise-Friederike von Württemberg und seiner Schwester Ulrike am 9. Oktober 1750 von einer Badekur in Aachen nach Schwerin zurückkam. Gerade hatte dort im Redoutensaal des Schlosses die Vorstellung der Komödie „Die politische Vorsichtigkeit“ von Giacomo Ricciardi begonnen, als man Christian Ludwig die Ankunft der „jungen Leute“ in die Loge meldete. Er ließ die Vorstellung unterbrechen und kam nach kurzer Zeit mit seiner Tochter Ulrike zurück, zu deren Ehren man noch einmal von vorn begann. Friedrich und Friederike indes zogen sich in ihre Gemächer zurück. Sie hatten an Schönemanns und Ekhofs Spiel kein Interesse.

Als dieser Friedrich, dem man bald den Beinamen „der Fromme“ gab, seines Vaters Nachfolge 1756 antrat, errichtete er als erstes ein Regime strenger Sparsamkeit. Er tat das in bester Absicht, denn sein Herzogtum war nicht eben mit Glücksgütern gesegnet und das Volk darbte. Die ersten Sparmaßnahmen des frommen Friedrich trafen - es war alles schon einmal da - die Kulturinstitute. Der Schatullzuschuß für das Theater wurde sofort gestrichen, das Theaterspiel in Schwerin überhaupt verboten und die Residenz in das nahe Ludwigslust verlegt, wo Vater Christian Ludwig ein Jagdschloß unterhalten hatte.

Unter diesen Maßnahmen litt niemand mehr als die Theaterleute. Schönemanns Gesellschaft ging nach Hamburg. Sie löste sich bereits ein Jahr später auf; Ekhof trennte sich von Schönemann. Schönemann selbst, nachdem er, vielleicht auch in Verbitterung, gemeinsam mit seinem etwas verlotterten Sohn versucht hatte, im Pferdehandel Geld zu verdienen, ging nach Schwerin zurück, wo er eine niedere Beamtenstelle als „Rüstmeister“ (Hausmeister) erhielt und dem Trunk verfiel. Er starb verarmt 1782. Conrad Ekhof hingegen war zunächst in Danzig, dann wieder in Hamburg tätig, wo er die alte Schönemannsche Truppe erneut um sich versammelte und später an Lessings vorausgedachtem Nationaltheater alle großen Rollen spielte. Nach verwirrenden Lebenswegen starb Ekhof 1778 in Gotha. Lessings Lob zum guten Schluß: „Ekhof mag eine Rolle machen, welche er will - man erkennt ihn in der kleinsten noch immer für den ersten Akteur ... Das Trivialste (erhält) in seinem Munde Neuheit und Würde, das Frostigste Feuer und Leben.“

Nun war Mecklenburg, war Schwerin von seinem eben begründeten Ruf, ein Sitz der Musen zu sein, wieder entblößt. Friedrich der Fromme befahl, wie man gern kolportiert, gar die Aktbilder in seines Vaters Galerie zu übermalen und übte sich in pietistischer Frömmigkeit. Er beobachtete genau, und als der ohnehin völlig hofhörige Schweriner Magistrat der reisenden Truppe Johann Martin Lepperts am 19. Juni 1766 erlaubte, auf dem Rathaussaal aufzutreten, wurde durch barschen Befehl aus Ludwigslust die Erlaubnis schon am 14. Juli wieder zurückgezogen. 1769 erhielt die Operngesellschaft Constantini die kuriose Erlaubnis, ohne Kulissen, Kostüme und „in gewöhnlichen Anzügen mit wenigen gestibus" einige Vorstellungen zu geben. 1773 durfte Paolo Berzantini, eine Art musikalischer Alleinunterhalter, ein paarmal auftreten, bis auch ihm ein herzoglicher Ukas wieder die Tür wies.

Die Hofkapelle verlegte „der Fromme" schon 1767 nach Ludwigslust, wo sie allerdings, ganz im Gegensatz zum Theater, des Herzogs Förderung genießen durfte, allerdings vorwiegend zur Aufführung geistlicher Musik. Hofmaler Georg David Matthieu malte den Klangkörper 1770 mit 27 Mitgliedern.

Aber auch des frommen Friedrichs dynastische Zeit lief ab, und sein Neffe Friedrich Franz I. bestieg den Thron des Herzogtums. Er beließ zwar - bis zu seinem Tode 1837 - die Residenz in Ludwigslust, war aber ein sinnenfroher Lebemann und Landesvater, der seinen Untertanen und Bürgern seiner Hauptstadt Schwerin nicht länger den Spaß verderben mochte. Sein Leitmotiv hieß „leben und leben lassen". Er hatte es weniger mit der Frömmigkeit, dafür mehr mit dem Roulette, den Damen und den

1788 entstand am Alten Garten ein Theater durch den Umbau eines Reit- und Ballspielhauses

Pferden. Sobald die Hoftrauer für seinen verblichenen Oheim abgelaufen war, erlaubte und förderte er das Theater in Schwerin. Er berief einen richtigen Schauspieldirektor namens Gottlieb Friedrich Lorenz, der sich aber wegen ständiger Streitereien mit dem Magistrat, den Schauspielern und dem Publikum nicht halten konnte und wieder aufgab.

1788 ließ Friedrich Franz I. das alte Ballspielhaus, das zeitweise auch als Reithalle gedient hatte und auf dem Alten Garten schon ungefähr an der Stelle des heutigen Theaters stand, zum Theater umbauen. Dieses morsche Gemäuer war allerdings schon fast hundert Jahre alt und gab auch äußerlich nichts her. Dennoch wurde es Ende 1788 eröffnet. Man spielte eine Komödie „Die Badekur“ und eine komische Oper „Der Kapellmeister“. Merkwürdig ist, daß sich in der Literatur kein Hinweis auf die Autoren oder Komponisten dieser Werke findet. Überhaupt kam die Sache nicht recht in Gang: das Schweriner Publikum war seit zwanzig Jahren der Bühne entwöhnt. Heinrich Daniel Zschokke, der in jenem Jahr 1788 als Siebzehnjähriger einen Versuch als Hauslehrer in Schwerin unternahm und dann mit einer reisenden Theatergruppe fluchtartig die Stadt wieder verließ, behauptete später, ein reisender Marionettenhallodri habe mehr Publikum in Schwerin angezogen als die hiesige Schaubühne.

Thalias Boot dümpelte durch die Zeiten; die Französische Revolution löste in Mecklenburg nicht viel mehr aus als den Gänsekrieg zu Bützow. Intendanten und Interimsdirektoren führten das Schweriner Theater im Ballspielhaus mal in den Ruin, mal in das Chaos, ein Konkurs jagte den anderen. Auch die Übernahme des Schauspielbetriebs in den herzoglichen Schatullhaushalt 1796 half nichts. Friedrich Franz I. mag mit dem Kopf geschüttelt haben. 1799 löste er die Theatergesellschaft auf. In seinem Bemühen, Ordnung in die Theaterdinge zu bringen, machte Friedrich Franz die Angelegenheit zur „Chefsache“. Er beauftragte den Chef des Kammerherrenstabs, Exzellenz Ludwig von Dorne, den späteren Kammerpräsidenten, Besitzer des Gutes Leezen am Schweriner See, der schon seit einigen Jahren die Geschäfte eines Intendanten geführt hatte, erneut mit dem Versuch, ein richtiges Hoftheater in Schwerin zu installieren.

Theaterdirektor wurde Karl Krickeberg; der Schweriner Postdirektor Wilhelm Hennemann unterstützte als eine Art Beiratsvorsitzender aus dem Schweriner Publikum das Unternehmen. Aber die Wirrnisse nahmen dennoch auch jetzt kein Ende. Die Hofkapelle, die gelegentlich auch in Doberan spielen mußte, namentlich, wenn sich Friedrich Franz dort in den Sommermonaten aufhielt, hatte nun drei Spielstätten zu bedienen. In der Liste der Mitglieder, wie sie sich im Staatskalender von 1801 findet, sind interessante Namen zu entdecken. Unter den Hofsängern war Mademoiselle Rosetti, die Tochter des 1792 verstorbenen Komponisten und Hofkapellmeisters Franz Anton Rösler (auch Rosetti oder nach seiner böhmischen Herkunft Frantisek Antonin Ruzizka). Auch Eleonore Westenholz gehörte dazu, deren Ehemann Friedrich Carl Westenholz als Cellist Bedeutendes leistete. Das gleiche Instrument war die Domäne von Franz Xaver Hammer, der auch komponierte, genau wie sein Kollege am Kontrabaß, der zu Lebzeiten schon berühmte Johann Matthias Sperger, der viele Konzerte und Solostücke für dieses schwierige, spröde Instrument schrieb und als Virtuose auf der Baßgeige glänzte.

Aber die Voraussetzungen mochten künstlerisch durchaus gegeben sein - es scheiterte immer wieder am Geld und an den Querelen der Verwaltung. Zu allem Unglück brach 1804 auch noch ein Geländer der Galerie zusammen, die dort oben sitzenden Zuschauer stürzten ins Parkett, eine junge Frau kam dabei um.

Die Intendanten wechselten fast in jedem Jahr. Dem an sich tüchtigen Krickeberg setzte man 1806 den „Theatergrafen“ Karl

Friedrich von Hahn vor die Nase, aber auch dessen Zeit war glücklos, und Krickeberg mußte schon 1810 wieder allein die Geschäfte führen. Inzwischen war ja auch die „Franzosenzeit" angebrochen, was das Theaterleben nicht leichter machte. Friedrich Franz verlor zunehmend das Interesse am Schicksal des Schweriner Theaters, zumal er andere Sorgen genug hatte. Zunächst mußte er vor Napoleon flüchten und 1807 für ein halbes Jahr ins dänische Exil nach Altona gehen. Erst nach dem Frieden zu Tilsit kam er zurück. Seine Schlösser in Schwerin und Ludwigslust waren ausgeraubt; alle die alten Bilder und die Meißner Tassen und Teller kamen erst 1815 wieder zurück. Der Herzog mußte sich bequemen, dem Rheinbund beizutreten. Er tat dies aus Gnatz als letzter der deutschen Fürsten, und er trat als erster wieder aus. 1815 nahm er die ihm vom Wiener Kongreß angetragene großherzogliche Würde an, durch die sein Haus in den königlichen Rang erhoben wurde. Zu allem Ungemach starb ihm auch noch sein Sohn und Thronfolger Ludwig, erst 41 Jahre alt, 1819 weg. Thronfolger war nun Paul Friedrich, der Enkel.

Unterdessen war am Schweriner Theater das Direktoren-Kegeln munter weitergegangen: Löwe, Becker, Arresto, Meyer, Diestel, Lyser... Der Großherzog sah nicht mehr recht durch und überließ die Sache nunmehr seinem Thronfolger und Enkel Paul Friedrich, der sich 1822 mit der preußischen Prinzessin Alexandrine verheiratet hatte. Weder Paul Friedrich noch seine junge und schöne Frau, die Tochter der ebenso schönen und klugen Königin Luise, waren mit den Zuständen zufrieden.

Doberaner Kamp, um 1850

Besonders Alexandrine litt unter der Entfernung von ihrem geliebten Berliner Schauspielhaus und setzte dem Schwiegergroßvater und ihrem Paul energisch zu: Mecklenburg-Schwerin brauchte nun endlich ein richtiges, in fürstlicher Verwaltung geleitetes Theater als einheitliche Wirkungsstätte für Schauspiel, Oper, Konzert und Ballett.

Da kam Johann Krampe, zu diesem Zeitpunkt ein erfahrenener und tatkräftiger Schauspieldirektor von 50 Jahren, noch dazu ein gebürtiger Schweriner, gerade recht. Offensichtlich hatte er einen sicheren Blick für die Vakanz des Theaters in Schwerin. Erbgroßherzog Paul Friedrich engagierte ihn und seine Truppe nach Doberan, wo sich der Hof (und natürlich die Hofkapelle) jeden Sommer aufhielt, um einmal zu sehen, was er mit seinen Mimen und Sängern leisten konnte.

Doberan war in jenen ersten Jahren nach der Hochzeit des Erbgroßherzogs in eine erneute Blüte getreten. Die berühmte Rennbahn zog Gäste aus ganz Europa an, das mondäne Seebad Heiligendamm war der Treffpunkt der Hautevolee jener Zeit. Alexandrines vielgerühmte Schönheit überglänzte das Sommervergnügen. Sie heftete den Jockeys die Siegerschleife an und überreichte ihre legendären Goldpokale. Europas erste Klasse, die Herren Apperley und Tatersall, ritten in den Farben Mecklenburgs für die jugendliche Fürstin. Das Casino am Kamp vereinte am Abend Adel und Bürgertum beim Roulette oder Hazard, das Volk tanzte draußen beseligt auf dem Rasen zwischen den chinesischen Pavillons. Ganz in der Nähe des großen Logierhauses an der Ostseite des zentralen Platzes stand das von Carl Theodor Severin 1805/6 erbaute unheizbare und schlecht belüftete Theater. Musiker und Schauspieler grauste es immer ein wenig vor der Doberaner Saison, denn auch die Akustik soll schlecht gewesen sein. Der innen völlig aus Holz errichtete Bau faßte 500 Personen und war während der Renn-, Bade- und Spielsaison zu jeder Vorstellung bis auf den letzten Platz gefüllt. Feuerpolizeiliche Bestimmungen gab es nicht. Man trank Champagner und rauchte in den Logen. Es war ein Fest fürs Leben, und wie ein Wunder muß es uns erscheinen, daß der Musentempel am Kamp zu Doberan nicht abgebrannt ist. Erst 1889 ist das Haus zugunsten des etwas erschröcklichen Gymnasiums des emphatischen Spielgotikers Möckel abgerissen worden.

Krampe bot in dieser Probespielzeit leichteste Sommerkost. Die Titel der Possen, teilweise mit Gesang, verraten schon, wes Geistes Kind sie waren: „Rochus Pumpernickel“, „Die eifersüch-

Marie Taglioni (1804-1884)
tanzte als Gast 1826 in Doberan

tige Frau“, „Staberls Reiseabenteuer“ (Lustspiel mit Gesang), „Der lustige Schuster und die verwandelten Weiber“, „Doktor Stakelbein oder Vier Freier und eine Braut“ (eine komische Oper), und die erste in Doberan gespielte Operette hieß „Die beiden kleinen Savoyarden“.

Von diesem fröhlichen Mittelmaß gab es gelegentlich Abweichungen nach oben (zwei „Freischütz"-Aufführungen im Juli und August 1824) und nach unten: die Schau- (Show)-Vorstellung des „nordischen Herkules", eines Herrn Ole Frank, der Hufeisen verbog und dicke Damen stemmte (eine links, eine rechts). Nun gut: Es war ja Sommer und man wollte sich verlustieren „am Damm", wie man vornehm kürzte, und am Kamp.

Dieser Sommer 1824 veranlaßte Paul Friedrich, mit Krampe einen festen Vertrag zu schließen. Es mußte während der Wintersaison in Schwerin und während der Badesaison in Doberan gespielt werden. Der Vertrag galt zunächst für sechs Jahre, wurde aber schon 1829 bis 1836 verlängert. Krampe erhielt für die Schweriner Spielzeit jeweils 1200 Reichstaler, für jede Woche in Doberan 100 Reichstaler und noch dazu 800 Reichstaler für Transportkosten, da er ja Kulissen und Ensemble fortwährend zwischen Schwerin und Doberan hin und her zu befördern hatte.

Krampes Ensemble umfaßte, ihn eingeschlossen, 26 Personen. Häufig wurden, besonders in Doberan, Gäste empfangen. So tanzte die Taglioni für die Erbgroßherzogin und wurde mit Gunstbezeugungen überhäuft, und Angelica Catalani begeisterte das mondäne Publikum mit ihren Sopranarien.

Das erbgroßherzogliche Paar war nicht knauserig und sorgte für das nötige Geld, und der „Alte", wie man Friedrich Franz, den Lebemann, nun schon zu nennen begann, griff knurrend in die Schatulle.

Weniger erfreulich, aber doch kontinuierlich war Krampes Arbeit in Schwerin, denn das alte Ballspielhaus begann mehr und mehr zu vermorschen. Es regnete durch; es zog an allen Ecken, die Öllampen flackerten. Dennoch wollte der Erbgroßherzog nicht nur die Doberaner Possen auf der Bühne haben, sondern verlangte „anständiges Theater". Krampe wurde seines schmucken Titels „Hof-Schauspiel-Direktor" indes gerecht. Immerhin brachte er alle großen Bühnenwerke auf die Bretter. „Der Freischütz", „Der Barbier von Sevilla", „Don Juan", „Die Zauberflöte", „Fra Diavolo", „Figaros Hochzeit", „Oberon" und viele andere Opern wurden gespielt. Das Schauspiel gab „Die Räuber", „Wallensteins Lager", „Das Käthchen von Heilbronn", „Minna von Barnhelm", „Die Braut von Messina", „König Lear", „Diener zweier Herren".

Endlich kam es, wie es kommen mußte - die alte Bude brannte ab. Man hatte noch an der Heizung herumgebaut, dem Musentempel eine Vorfahrhalle zum Schutz der Roben des Publikums angebaut - alles war aber doch nur noch Flickwerk an dem 133 Jahre alten Gebäude. Am 23. April 1831 brach während der Aufführung der Oper „Die Stumme von Portici" ein Feuer aus, das den vorwiegend hölzernen Bau vollständig in Schutt und Asche legte.

Dies war die Stunde eines jungen Baumeisters, der in Schwerin schon verschiedene Aufgaben vorzüglich gelöst hatte, so den Neubau des Regierungs- („Collegien"-)Gebäudes am Alten Garten. Er hieß Georg Adolph Demmler, hatte seine Ausbildung an der Schinkelschen Bauakadamie in Berlin genossen und galt als persönlicher Vertrauter und Freund des Erbgroßherzogs Paul Friedrich. „Der Alte", Großherzog Friedrich Franz, mochte sich drehen und winden, so viel er wollte - man trotzte ihm den Bauauftrag an Demmler für ein neues Schauspielhaus ab.

Demmlers Entwürfe fanden nicht sofort den Beifall seines Gönners; manches sollte noch verbessert und erweitert werden. Während man indessen noch immer unter Krampes Leitung in angemieteten Sälen und ab 1833 in einem aus Holz errichteten Interimstheater (etwa an der Stelle der später dort errichteten Siegessäule) weiterspielte, wuchs Demmlers kommodenförmiger Theaterbau in die Höhe.

Noch während der Bauarbeiten ging übrigens am 7. März 1833 Beethovens „Fidelio" als Benefiz-Veranstaltung für das zum Ensemble gehörende Ehepaar Lincker über die Schweriner Bühne. Herr Lincker gab den Rocco, seine Frau die Leonore.

Krampes Vertrag lief Ende 1835 aus. Er hatte bei allen auftretenden Schwierigkeiten immerhin elf Jahre durchgehalten. Nun nahm er seinen Bühnenabschied, blieb dem Schweriner Theater aber, wie Clemens Meyer sich ausdrückte, „als Rendant bis 1843 erhalten".

Mit der Einweihung des Demmlerschen Schaupielhauses endlich bekam Thalia den ihr zustehenden „richtigen" Musentempel in Schwerin. Die Zeit der Provisorien war vorbei. Das Theater verfügte nun in seiner Gesamtheit über einen Etatposten im Haushalt der großherzoglichen Mecklenburg-Schwerinschen Regierung. Das Theater wurde zur Institution. Unter der wohlwollenden Aufsicht und Förderung des Erbgroßherzogs Paul Friedrich und der vom Theater nahezu besessenen Erbgroßherzogin Alexandrine durfte es sich einer glänzenden Zukunft sicher sein.

Der Alte Garten in Schwerin
mit dem von Georg Adolph Demmler entworfenen Schauspielhaus (r.),
und dem Regierungs- oder Collegiengebäude (l.)

Großherzog Friedrich Franz starb in seinem geliebten Ludwigslust am 1. Februar 1837 im Alter von 80 Jahren. Paul Friedrich erbte den Thron. Er verlegte sofort die Residenz nach nunmehr 81 Jahren von Ludwigslust zurück nach Schwerin. Das betraf natürlich auch die Hofkapelle, die den Konzertsaal im neuen Schauspielhaus als feste Heimstatt bezog. Paul Friedrich und Alexandrine hatten jetzt alle Hände frei und alle Kassen offen für ihr liebstes Kind, das Hoftheater.

Neuer Chef als fest angestellter Intendant wurde Hofrat Karl Zöllner, ein in jeder Hinsicht merkwürdiger Mann. Er war Pri-

Nro. 39.

Großherzogliches Theater.

ABONNEMENT SUSPENDU.

Donnerstag, den 7ten März 1833,

zum Benefice für Herrn und Madame Lincker,

zum Erstenmale:

Fidelio.

Große Oper in 2 Aufzügen,

nach dem Französischen von Treitschke. Musik von Ludwig von Beethoven.

Personen:

Don Fernando, Minister	Herr Hornicke, sen.
Don Pizarro, Gouverneur eines Staatsgefängnisses	Herr Lincker.
Florestan, ein Gefangener	Herr Hornicke, jun.
Leonore, seine Gemahlin, unter dem Namen „Fidelio"	Mad. Lincker.
Rocca, Kerkermeister	Herr Defer.
Marzeline, seine Tochter	Dem. Lenke.
Jaquino, Pförtner	Herr Möwis.
Staatsgefangene	Herr Hegel. Herr Haufft. Herr Zimmermann. Herr Haarbleicher. Herr Koller. Herr Krämer.
Der Wachthauptmann	Herr H. Lincker.
Volk	Mad Klarenbach. Mad. Schmidt gen. Mad Zimmermann. Mad. Defer. Mad. Pagel. Mad. Löwe. Dem. Wehrstedt. Dem. Lincker. Herr Pagel. Herr Lange. Herr Förster.
Wachen	

Preise der Plätze:

Sperrsitz 24 fl. Parterre 16 fl. Loge 12 fl. Gallerie-Loge 8 fl.

Die Billets, welche nur zu der heutigen Vorstellung gelten, sind zu vorstehenden Preisen bis Nachmittags 4 Uhr in der Wohnung des Herrn Lincker, im Hause der Madame Schmidt, in der zweiten Glasinen-Straße und Abends an der Casse zu haben.

Zu der heutigen Vorstellung ladet ein hochgeehrtes Publikum ganz ergebenst ein

Conrad und Fanny Lincker.

Die gewöhnlichen Dutzend-, Partout- und Freibillets sind heute nicht gültig.

Der Anfang ist um 6 Uhr.

Ende gegen 9 Uhr.

J. C. Krampe, Director.

Theaterzettel der Erstaufführung
von Beethovens „Fidelio"
am 7. März 1833

vatsekretär und Kammerherr der jugendlichen Prinzessin Alexandrine von Preußen in Berlin gewesen.

Als sie nach ihrer Eheschließung nach Ludwigslust ging, nahm sie Zöllner mit. Seine Erfahrungen, seine weltmännische Attitüde, seine hohe Bildung und sein Kunstverstand prädestinierten ihn geradezu für den neuen Posten, und das fürstliche Ehepaar konnte sicher sein, daß Zöllner ihr Hoftheater in ihrem Sinne leiten würde.

Von Zöllners Intendantur an läßt sich die Geschichte des Hoftheaters überhaupt erst in Intendanturperioden erfassen. Karl Zöllner blieb bis 1855, also 23 Jahre hindurch, auf seinem Posten. Er führte auch nach Paul Friedrichs frühem, überraschendem Tod 1842 das Haus im Sinne der Witwe Alexandrine weiter, auch wenn er es mit dem Sohn und Nachfolger Paul Friedrichs, Friedrich Franz II., nicht so leicht hatte wie mit dem fröhlichen Ballettliebhaber.

Die fünf Jahre zwischen 1837 und 1842 gelten bis heute als eine erste wirkliche Glanzperiode des Schweriner Theaters. Luise Köster-Schlegel betrat die Schweriner Bühne, Albert Ellmenreich, Inbegriff moderner Schauspielkunst jener Zeit, spielte alle großen Charakterrollen, der norwegische Geiger Ole Bull gastierte 1838 und äußerte sich begeistert über das gute Orchester. Emil Devrient spielte am 28. Mai 1838 den Marquis Posa, am 1. Juni den Hamlet mit überwältigendem Erfolg. Er kehrte später öfter und gern als Gast nach Schwerin zurück. Seine Berliner Kollegin Charlotte von Hagn gab „Minna von Barnhelm“, und der Startenor der Königlichen Oper zu Berlin, Eduard

Mantius, sang vor tosendem Haus den George Brown in „Die weiße Dame“ von Boieldieu, eine damals ganz moderne Oper.

Wir können sicher sein, daß alle diese Künstler von der Großherzogin, die beste Beziehungen zu den Berliner Bühnen hatte, eingeladen worden waren.

Der Tod Paul Friedrichs am 7. März 1842 konnte den Aufschwung des Schweriner Theaterlebens zwar eine Weile verzögern, aber doch nicht aufhalten. Zöllner hielt durch. Er befand sich dabei in einer schwierigen Lage, denn wenn er zuvor durch ein kurzes, schnell arrangiertes Gespräch mit Paul Friedrich ein finanzielles oder künstlerisches Problem aus dem Wege räumen konnte, so mußte er sich jetzt über den „Apparat“ des Hofmarschallamtes an den noch sehr jugendlichen Fürsten heranpirschen. Die Großherzogin-Mutter Alexandrine hatte nun auch in die zweite Reihe treten müssen und hütete sich klug, ihrem Sohn in allzu offensichtlicher Weise in die Regierungsgeschäfte hineinzureden.

Albert Ellmenreich, der uns erfreulicherweise seine so anekdoten- und aufschlußreichen Erinnerungen hinterließ, sah ziemlich deutlich, was da vorging: „Der Sohn und Thronfolger (...) stand freilich durch seine große Jugend, seinen mehrjährigen Aufenthalt im Blochmannschen Erziehungsinstitut in Dresden, der Hofbühne (und) uns Mitgliedern derselben ziemlich fern. (...) Wußten wir doch, wie sehr sich eine gewisse Kamarilla insgeheim bemühte, den Sinn des hohen Herrn von jedem Interesse an dem Hoftheater abzuwenden, ihm das bisherige Verhältnis zwischen Hof und Bühne als Anomalie, als ungehöriges, bedenkliches, wenn nicht gar gefährliches, zu bezeichnen.“

Ellmenreich, der die Revolution von 1848 als Mitglied des Hoftheaters erlebte, schilderte in seinen Erinnerungen auch die Verfassungsbestrebungen, denen Friedrich Franz zunächst nicht völlig abgeneigt war. So sah er sogar den jungen Fürsten am Schelfmarkt mit schwarz-rot-goldener Kokarde huldvoll die Bürgerschaft grüßen. Das Volk durfte sich mit gnädigster Erlaubnis in der Reithalle des Marstalls versammeln, die Stände traten im Konzertsaal des Schauspielhauses zusammen, wo sie ihre jeweiligen Ansichten zu einer neuen Verfassung diskutierten. Ellmenreich nannte die Vorgänge eine „Simili-Revolte“.

Seine Oper „Gundel“ - der vielseitige Mann komponierte auch - wurde am 1. Januar 1849 uraufgeführt und „sämtliche Rollen den Sängern auf den Leib geschrieben“. Das Sujet entstammte einem französischen Vaudeville, die Handlung spielte am Hofe Leopolds II. von Österreich, das Ganze war ein Verführungs- und Eifersuchtsspektakel mit versöhnlichem Ausgang „nach der poetischen Gerechtigkeit“. Dennoch wurde die Oper, wie Zöllner seinem ersten Schauspieler händeringend mitteilen mußte, auf „Allerhöchsten Befehl“ abgesetzt, man hatte „nicht nur demokratische Tendenzen erkannt, sondern direkte Anspielungen auf mecklenburgische Hof- und Personalverhältnisse“. Die Kamarilla hatte Sächelchen entdeckt, die Ellmenreich weder beabsichtigt, noch geschrieben hatte. Er trug’s mit Fassung.

Beinahe wäre in jenem Jahr 1849, nach der Einführung der doch endlich gewährten Verfassung, das Hoftheater aufgelöst

Demmlers Hoftheater
von 1836 im Zustand bis 1875

worden, da sich der Großherzog nicht mehr in der Pflicht sah, das Theater zu finanzieren. Allen Mitarbeitern wurde gekündigt. Es kam zu einer aufgeregten Petition des erschrockenenen Schweriner Publikums, die Zöllner dem Großherzog persönlich überreichte.

Der gewährte einen Aufschub, und der berüchtigte Schiedsspruch von Freienwalde, der am 11. September 1850 die eben gegebene Verfassung wieder zurücknahm, stellte gleichzeitig die alten Verhältnisse zwischen Hof und Theater wieder her.

Richard Wagners „Lohengrin“ 1854 in Schwerin
Lithographie von Theodor Boehden
(Staatliches Museum Schwerin)

Die Periode der Zöllnerschen Intendantur endete 1855 ziemlich abrupt mit dem Selbstmord des Hofrats, der sich in Würzburg eine Kugel in den Kopf schoß. Die Gründe dafür blieben ungeklärt, zumindestens vage. Immerhin hatte Zöllner vor seinem selbstgewählten Ende noch das Verdienst erworben, Richard Wagners Werk in Schwerin zum Durchbruch zu verhelfen. 1852 wurde „Tannhäuser“, 1853 „Der fliegende Holländer“, 1854 „Lohengrin“ aufgeführt. Der Erfolg war groß, Wagner selbst sehr zufrieden.

Nachfolger Zöllners wurde nun ein Nachfahre eines alten mecklenburgischen Adelsgeschlechts, der Opernkomponist und

Schöngeist Friedrich von Flotow. Er blieb bis 1863 im Amt und bezeichnete später diese Schweriner Intendantur als seinen „Siebenjährigen Krieg“ - er war wohl weniger als sein Vorgänger für die ständigen, nervenraubenden Kämpfe um den Etat und gegen das Hineinregieren der Hofgesellschaft in die Belange des Theaters geeignet. Dennoch sind auch Flotows sieben Jahre von bedeutenden Ereignissen und Persönlichkeiten im Schweriner Theaterleben geprägt gewesen. Er inszenierte natürlich auch seine bis heute unvergessene Oper „Martha oder Der Markt zu Richmond“ in Schwerin und hatte damit großen Erfolg.

1856 verpflichtete er mit Alois Schmitt einen Dirigenten von überragendem Format, der die Schweriner Bühne sehr schnell zu einem der wichtigsten deutschen Opernhäuser entwickelte. Mit sicherem Blick erkannte Schmitt in Richard Wagner den beherrschenden Geist der Musik jener Zeit. Unter seiner Führung errang Schwerin den Ruf, das „Bayreuth des Nordens“ zu sein.

Neben der Oper favorisierte Schmitt auch das Konzert. Er schuf ein Abonnementsystem und erneuerte die Tradition der Mecklenburgischen Musikfeste (deren letzter Höhepunkt mit Felix Mendelssohn Bartholdy 1840 nunmehr zwanzig Jahre zurücklag). Mit dem Orchester des Hoftheaters arbeiteten Johannes Brahms, Camille Saint-Saëns, Anton Rubinstein und Clara Schumann. Großherzog Friedrich Franz ließ derweil das alte Schweriner Schloß von seinem Hofbaurat Demmler umbauen und erweitern. Demmler selbst wurde zwar wegen demokratischer Neigungen hinausgeworfen, aber das Schloß trug dennoch seine Handschrift, als man es 1857 mit pomphaften Feierlichkeiten eröffnete.

Auch das Hoftheater hatte daran seinen Anteil und steuerte die von Friedrich von Flotow komponierte Oper „Johann Albrecht“ nach einem Text des „Hoftheaterfinanzkonsulenten“ Eduard Hobein zur Weihe des Hauses bei.

Das Opern-Repertoire der Flotow-Jahre kennen wir genau. Eine junge Frau namens Helene Tank hat 1923 ihre Doktorarbeit über die Geschichte des Hoftheaters von 1836 bis 1882, also zwischen den beiden großen Theaterbränden, geschrieben und penibel recherchiert. So erfahren wir, daß Intendant von Flotow Exz. seine eigenen Werke zu pflegen wußte. Insgesamt 48 Aufführungen von Flotow-Opern gab es. Dennoch blieb allein „Martha“ im Gedächtnis der musikalischen Welt; seine anderen Bühnenwerke „Alessandro Stradella“, „Andreas Mylius“ ex „Johann Albrecht“, „Die Witwe Grapin“, „Indra“, „Pianella“ und „Wintermärchen“, eine Ballettmusik zu Shakespeare, versanken im Orkus des Vergessens. Mozart folgte dem Hausherrn an zweiter Stelle mit 38 Aufführungen, wobei „Don Juan“ und der „Figaro“ durchgehend im Spielplan standen. Es gab dazu „Die Zauberflöte“ und 1858 eine viel beachtete Neuinszenierung der „Entführung aus dem Serail“. Die anspruchsvolle Oper „Titus“ stand auch auf dem Spielplan, brachte es aber nur auf zwei Aufführungen. Carl Maria von Weber und Giacomo Meyerbeer bekamen je 33, Auber 29, Rossini und Donizetti je 24, Bellini 17, Halévy zehn, Boieldieu acht Abende.

Frau Tank monierte, man habe zu wenig Deutsches gespielt, Beethovens immer viel bejubelten „Fidelio“ gar nur achtmal in sieben Jahren, Lortzing mit vier Werken nur siebenmal. Dafür aber betrat Meister Verdi mit „Rigoletto" 1860 erstmals die Schweriner Bühne. Interessant ist auch, daß Beethovens 9. Symphonie erst am 22. März 1859 ihre Schweriner Erstaufführung erlebte.

1863 hatte Friedrich von Flotow seinen „Siebenjährigen Krieg" satt und legte seine Intendantur nieder. Auf seinen Rat hin übernahm nun Gustav Gans zu Putlitz aus altem preußischem Adelshaus das Zepter. Wenn Flotow als Musiker die Oper favorisierte, so legte Putlitz als Dichter wieder mehr Wert auf das Schauspiel.

Putlitz wählte Lessings „Nathan" für seine Antrittsaufführung, aber das Publikum honorierte das nicht; „Nathan" wurde wieder abgesetzt. Auch Kleists „Das Käthchen von Heilbronn" wollten die Schweriner nur einmal sehen. Shakespeare hingegen kam an; „Ein Sommernachtstraum" wurde anläßlich der Verlobung des Großherzogs 1853 gegeben und gefiel, und „Was ihr wollt" füllte das Haus mehrfach. Von den Königsdramen waren „Richard III." und „Heinrich IV." Erfolge. Schiller und Goethe, wiewohl von Herrn zu Putlitz mehrfach angeboten, wurden vom Publikum bemäkelt. Der Opernspielplan brachte Meyerbeers „Afrikanerin", die - „für Schwerin eine seltene Erscheinung" (Tank) - achtmal wiederholt werden mußte.

In den nur vier Jahren seiner Intendanz hatte Gustav zu Putlitz keinerlei Probleme mit dem Geld. Das großherzogliche Ministerium bewilligte einen Zuschuß von 62 000 Reichstalern (geschätzt 2 Millionen heutiger Kaufkraft). Man gestattete auch eine „mäßige" Anhebung der Eintrittspreise.

Publikum auf den Rängen des Hoftheaters
Lithographie von Friedrich Latendorf (1866-1935)

Schwierigkeiten hatte der preußische Baron eher mit dem Publikum. An seinen und Fritz Reuters gemeinsamen Freund, den blinden Dichter Gisbert von Vincke, schrieb Putlitz schon bald nach seinem Amtsantritt aus Schwerin: „Das Publikum ist (hier) am schwierigsten, viel unzufrieden, feind alles Klassischen, Shakespeare wird gehaßt, Schiller und Goethe mit Naserümpfen behandelt.“ (...) Es scheue, dieses Schweriner Publikum, „jede sichtbare Hingabe, jedes Zeichen, hingerissen zu sein, gerührt oder erheitert“.Vielleicht war Gustav zu Putlitz erleichtert, als ihn sein Familienrat zur Verwaltung der Besitzungen in der

Prignitz zurückhaben wollte. Jedenfalls legte er sein Amt 1867 entnervt nieder. Lassen indes konnte er doch nicht vom Theater; er hat es später noch einmal in Karlsruhe versucht (1873), ehe er Hofmarschall des preußischen Kronprinzen wurde.

Auch nach seinem Abgang blieb der Intendantenposten in adliger Hand: Alfred Freiherr von Wolzogen, ursprünglich Jurist, hatte sich zunächst in München und dann in Dresden um den Intendantenposten beworben, ehe es dann in Schwerin Wirklichkeit mit der Erfüllung seines Wunschtraums wurde.
Wolzogen stand dem Schweriner Theater von 1867 bis 1882 vor. Es war für ihn ebenso wie für das Theater eine glückliche Zeit. Wolzogen genoß höchste Protektion; sowohl der Großherzog als auch Großherzogin-Mutter Alexandrine und ihr Bruder, König Wilhelm von Preußen, seit 1871 dann Kaiser des neuen Deutschen Reiches, hielten große Stücke auf ihn. Er hatte in Alois Schmitt einen nach wie vor ungebrochen tätigen musikalischen Eckpfeiler und bewies mit der Neubelebung der Wagner-Tradition zudem noch eine glückliche Hand. Noch Jahrzehnte später war bewundernd die Rede von den Extrazügen aus Berlin und Hamburg, mit denen die Wagnerfreunde herbeiströmten, um 1878 die Schweriner Inszenierung der „Walküre“ zu sehen, der zweiten Inszenierung nach der Bayreuther Uraufführung.
Wagner selbst war schon 1873 nach Schwerin gekommen und hatte sich seinen „Fliegenden Holländer“ in der Schweriner Fassung angesehen.

Dabei war ihm auch der voluminöse Baßbariton Carl Hill aufgefallen, den er für die Bayreuther Festspiele engagierte.

Demmlers Hoftheater nach dem Umbau 1875

Hill hat später alle Baßpartien in Wagners Opern gesungen; die zeitgenössische Kritik stellte ihn an die Spitze aller deutschen Wagnersänger. Hill hat im Alter den Verstand verloren. Er liegt auf dem Sachsenberg-Friedhof in Schwerin begraben, ganz in der Nähe des Volksdichters Rudolf Tarnow.

Allerdings interessierte sich der Intendant Freiherr von Wolzogen auch besonders stark für das schöne Geschlecht. Als er seine Juristenlaufbahn beendete, um sich dem Theater zu widmen, soll sein Chef, ein Breslauer Regierungspräsident, gesagt haben: „Nun ja, Sie haben sich ja schon immer mehr für die Aktricen als für

Carl Hill als Holländer und Virginia Gungl,
1873 bis 1876 am Schweriner Theater,
als Senta in Richard Wagners Oper
„Der fliegende Holländer“

die Akten interessiert." Wolzogens Schwarm war - aber doch wohl in allen Ehren - die Ungarin Aglaya Orgeni, eine Sopranistin von europäischem Rang. Es gab Gerüchte, der Freiherr habe der Orgeni einen Heiratsantrag gemacht, sei aber abgeblitzt.

Es fällt auf, daß unter den Gästen der Intendanzperiode des von Wolzogens sehr viele schöne junge Damen waren. Nicht alle hatten Erfolg in Schwerin. Pauline Lucca aus Berlin, die im April 1868 in Gounods „Margarethe" die Titelpartie sang, erhielt das Zeitungsurteil, sie habe für ihre 500-Taler-Abendgage (nach heutigem Gelde etwa 15 000 Mark!) die Rolle „primadonnenhaft gleichgültig heruntergesungen". Auch die weltberühmte Mallinger, die spätere Lehrerin des Weltstars Lotte Lehmann, holte Wolzogen nach Schwerin. Sie sang 1879 die Partie der Elsa in Wagners „Lohengrin".

Fest steht: Das Schweriner Theater befand sich im Zenit öffentlicher Beachtung. Man hatte eigentlich alles erreicht, was ein Theater in einer kleinen deutschen Residenzstadt erreichen konnte. Da geschah mit fast bösartiger Folgerichtigkeit, was man von Theatern zu sagen pflegt: Sie brennen gelegentlich ab. Man spielte die beliebte Posse „Robert und Bertram" von Gustav Raeder, als es zu brennen begann. Friedrich Franz II., einem tapferen Schiffskapitän vergleichbar, blieb „an Bord" und befahl der Kapelle weiterzuspielen, bis das Publikum das Haus verlassen hatte. Dann floh auch er mit den Musikern. Ein Feuerwehrmann kam um. So mußten nun wieder ein Interimstheater und ein Neubau geplant werden. Der hochbetagte Demmler hatte zwar noch gehofft und auch vorgeschlagen, das alte Schau-

Der Brand des Hoftheaters
am 16. April 1882

spielhaus auf seinen Grundmauern wieder neu zu errichten, doch es waren andere Zeiten, und es gab andere Vorstellungen von Theaterbauten.

Das Interimstheater stellte man auf den Luisen- oder Bahnhofsvorplatz. Es war in einer einmalig kurzen Bauzeit von nur wenigen Monaten in Fachwerkbauweise mit flachgeneigten Pappdächern errichtet worden. Vier hohe Schornsteine überragten das Provisorium. Das merkwürdige Haus bot 1183 Zuschauern Platz! Zur Eröffnung gab man „Tannhäuser" (22. Oktober 1882),

Das Interimstheater am Bahnhof (1882 bis 1886)
hatte fast 1200 Plätze

was verständlicherweise zu einigen Pressewitzen Anlaß gab („Tannhäuser" im Tannenholzhaus).

Mit dem Entwurf für den Schweriner Neubau des Hofheaters beauftragte Großherzog Friedrich Franz den Schweriner Baurat Georg Daniel. Die Bauleitung lag in den Händen des noch jungen, aber schon bewährten Baukondukteurs Gustav Hamann, der sehr zu Unrecht selten im Zusammenhang mit diesem Bau genannt wird. Wenn der tüchtige Daniel (er errichtete später noch den Schweriner Domturm) auch das so großartige und elegante Gebäude mit schwungvoller Geste entworfen hatte, so war es doch Hamann, der die Durchführung der höchst komplizierten Bauvorgänge in der Praxis zu leiten hatte. Das Haus war 1886 fertiggestellt. Eigentlich sollte nun auch noch ein Neubau das Alte Palais, den Wohnsitz der Großherzogin-Mutter Alexandrine, ersetzen, aber das Theater hatte erst einmal die Schatullen aufs schwerste belastet. Ein Jahr vor der Fertigstellung des Gebäudes war in der renommierten „Deutschen Bauzeitung" von 2 500 000 Goldmark die Rede.

Großherzog Friedrich Franz II. und sein Intendant, der Freiherr von Wolzogen, erlebten die Fertigstellung nicht mehr. Wolzogen, schon lange kränkelnd, starb am 13. Januar 1883; der Großherzog am 15. April des selben Jahres. Noch auf dem Sterbebette unterzeichnete er die Anstellungsurkunde für Wolzogens Nachfolger, wiederum einen Adligen. Karl Freiherr von Ledebur stammte aus Berlin. Er hatte seine Theaterlaufbahn in Wiesbaden als Vizeintendant begonnen und war seit 1874 Intendant des Ständischen Theaters in Riga. Dieses Haus teilte das Schicksal des Schweriner Theaters und brannte im Juni 1882 ebenfalls ab. Ledebur bewarb sich sofort um den Schweriner Posten und erhielt auch den Zuschlag. Er „eilte", wie es in seinen Erinnerungen heißt, nach Schwerin und blieb dort für dreißig Jahre auf dem Posten des Intendanten, die längste Zeit, die je ein deutscher Theaterintendant auf einer Stelle ausgehalten hat.

Ledebur bekennt, daß „der Intendant des Hoftheaters in seiner Hofstellung ... naturgemäß direkten Vortrag beim Großherzog hatte und haben mußte, aber (zugleich) dem Ministerium, Abteilung Kunst, direkt und in allen Kleinigkeiten subordiniert war, was zu den größten Unzuträglichkeiten führen" mußte.

Diese Doppelunterstellung wurde erst 1897, beim Tode des Großherzogs Friedrich Franz III., durch den Herzog-Regenten Johann Albrecht geregelt. F.F. III. selbst hatte sich in den vierzehn Jahren seiner Regierung kaum oder gar nicht um das Theater kümmern können, denn er war kränklich und kraftlos. Das Schweriner Stadtvolk spottete: „Er wurde geboren, reiste in die Bäder und starb."

Zunächst aber wurde der prunkvolle Neubau am 3. Oktober 1886 mit Glucks Oper „Iphigenie in Aulis" mit einem Vorspiel „Die Weihe des Hauses" von Gustav von Putlitz, in Töne gesetzt von Alois Schmitt, eröffnet. Eine Festwoche schloß sich an.

Man gab am 4. Oktober „Maria Stuart", am 5. ein Festkonzert mit Beethovens Neunter als Höhepunkt, am 6. Mozarts „Don Juan", am 8. den „Sommernachtstraum", am 9. „Lohengrin" und am 19., „fürs Volk" , zwei Lustspiele gegenwärtiger Autoren, nämlich Adolf Wilbrandts „Unerreichbar" und nach der Pause „Spielt nicht mit dem Feuer!" von Gustav zu Putlitz, womit man wohl auf das streng zu beachtende Feuerwehrregime anspielen wollte, das künftige Branddesaster verhindern sollte. Nun, in dieser Hinsicht war, wie die schon zitierte „Deutsche Bauzeitung" in breitester Ausführlichkeit mitteilte, bestens vorgesorgt, denn aus den in den Dächern der Ecktürme befindlichen Wasserbehältern konnte die Bühne vom Schnürboden aus im Falle einer Brandgefahr "unter sehr starken Regen gesetzt werden". Die Metallkonstruktion der Dächer bewährte sich augenscheinlich, denn erst 1998, nach über hundertjähriger Betriebsdauer, mußte man mit einer Erneuerung beginnen.

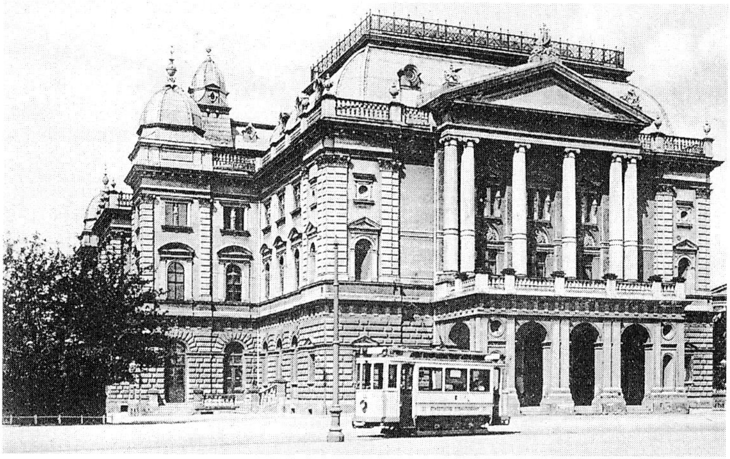

Der Neubau des Theaters von 1886
Ab Dezember 1908 fuhr die Linie 1 der Straßenbahn bis zum Alten Garten

Ledeburs Intendantur war überreich an großen künstlerischen Ereignissen in dem schönen neuen Haus. Unter den Schauspielern ragten Edmund Lorenz und Else Wohlgemuth, unter den Sängern Frieda Hempel und Paula Ucko (Sopran), Carl Hill (Baßbuffo) und Otto Drewes (Bass) hervor. Gastspiele führten das Ensemble nach Berlin und Prag, bedeutende Dirigenten gastierten in Schwerin. Das Schauspiel zeigte sich auch den modernen Strömungen gewachsen und bot Inszenierungen von Stücken Gerhart Hauptmanns und Maxim Gorkis („Kollege Crampton", 1896; „Nachtasyl", 1903). Unter den Kapellmeistern sind zu erwähnen Alois Schmitt, Carl Gille (1892), Herman Zumpe (1897),

„Wallensteins Lager" von Friedrich Schiller 1899, hundert Jahre nach der Uraufführung

Heldenbariton Hans Mohwinkel, 1909 bis 1917 in Schwerin engagiert, als Wotan in Richard Wagners „Ring des Nibelungen"

„Der Pfeifertag", Oper von Max von Schillings, 1899

Paul Prill (1901) und Willibald Kaehler (1906). Am 4. November 1913 starb Ledebur. Sein Nachfolger wurde zunächst („ad interim“) der Schauspieler Alfred Schmidtgen (gen. Schmieden). Er wurde bei Kriegsausbruch Soldat und fiel bereits im ersten Kriegsjahr. Ihm folgte 1915 Karl Freiherr von Dincklage im Amt, der das Haus als ein „Hoftheater“ zu führen hatte.

Nach der Abdankung des Großherzogs am 14. November 1918 wurde ein Beirat von Mitgliedern des Ensembles eingesetzt, dem neben Willibald Kaehler als 1. Kapellmeister und dem Oberspielleiter des Schauspiels, Fritz Felsing, auch je ein Sänger, ein Schauspieler und je zwei Choristen, Orchestermitglieder und technische Mitarbeiter angehörten. Diesem Beirat und seinen wohl durchaus berechtigten Forderungen nach mehr Demokratie im Betrieb des Hauses am Alten Garten sah sich der Baron von Dincklage als letzter Hoftheaterintendant nicht gewachsen.

Am 1. Februar 1919 mußte er seine Dienstgeschäfte niederlegen. Die Intendanz wurde zunächst gemeinsam von Fritz Felsing, Willibald Kaehler, Max Felmy und Alfred Skott geführt. Eine Ausschreibung scheiterte. Am 23. April setzte das Staatsministerium, um „die Ordnung am Staatstheater wieder herzustellen“, den seit 1903 am Hause als Schauspieler und Regisseur tätigen Fritz Felsing als Intendanten ein.

Nur am Rande sei bemerkt, daß der Mecklenburgische Landtag seine Sitzungen im Konzertsaal, der heutigen Kammerbühne, abhielt. Auch die Intendantur Fritz Felsings, die über die „goldenen Zwanziger“ bis zu seiner 1933 erfolgten Beurlaubung währ-

„Künstlerherberge", 1891 gegründet, mit 15 Mitgliedern im Hinterzimmer bei Havemann (später Heidtmanns Bier- und Weinstuben) am Großen Moor in Schwerin. Auf dem Foto u.a. der Schauspieler Edmund Lorenz (stehend 2.v.l.) und Kapellmeister Carl Gille (sitzend 2.v.l.)

te, wurde zu einer Periode erfolgreicher, gedeihlicher Theaterarbeit in Schwerin. Der hingeschwundene Nimbus des Hoftheaters mochte vom Publikum vielleicht bedauert werden, aber zugleich gewann das Haus an öffentlichem Interesse und vermochte durch die Entwicklung der „Stammplatzmiete" (=Abonnement) weite Kreise der Bevölkerung gewinnen, die bisher dem Theater eher skeptisch gegenübergestanden hatten.

Zu Felsings Großtaten bei dieser kulturpolitischen Öffnung gehört die Gründung der Niederdeutschen Bühne im Jahre 1926. Zwar waren auch vorher schon gelegentlich Stücke aus dem Repertoire des niederdeutschen Schauspiels aufgeführt worden, so 1920 die Komödie „Kramer Krey“ von Hermann Boßdorf und 1921 die beiden Sozialdramen „Mudder Mews“ von Fritz Stavenhagen und „Bahnmeester Dod“ von Boßdorf.

Spielleiter der Niederdeutschen Bühne am Mecklenburgischen Staatstheater wurde am 8. Oktober 1926 der bewährte Schauspieler Richard Spethmann, der mit Mitgliedern des Schauspielensembles und talentierten Laien ein plattdeutsches Theater entwickelte, das bis heute seinen festen Platz in Mecklenburg hat.

Bedeutend für Felsings Wirken wurde auch die Wiederbegründung der seit einem halben Jahrhundert eingeschlafenen Ballett-Tradition, die schon 1918 einsetzte und mit der Ballettschule unter der Ballettmeisterin Liesel Pinkpank schnell an öffentlicher Aufmerksamkeit gewann.

Felsings Tätigkeit wurde durch seine Beurlaubung am 22. Februar 1933 beendet. Die Begründung für den Hinauswurf dieses tatkräftigen Mannes bedarf noch der Klärung durch die Historiker. Es ist allgemein bekannt, daß die Herrschaft der NSDAP in Mecklenburg nicht erst mit der Machtergreifung Hitlers am 30. Januar 1933 begann, sondern daß bereits am 5. Juni 1932 die NSDAP die Landtagswahl mit 49 Prozent der Stimmen gewonnen hatte und im Juli eine Regierung unter dem Goebbels-Schwager Walter Granzow bildete.

Das Streichquartett der Mecklenburgischen Staatskapelle um 1920, v. l. Ottomar Voigt, Robert Alfred Kirchner, Karl Knochenhauer, Clemens Meyer

Felsings demokratische Grundgesinnung mußte den neuen Machthabern mißfallen. Am 1. Juni wurde er schließlich und endlich in den „einstweiligen Ruhestand" versetzt.

Mit seiner Frau, der beliebten Schauspielerin Friederike Petermann, die 1927 als erste Frau in Deutschland den Titel Kammerschauspielerin erhielt, verließ Felsing Schwerin. Er starb 1943 in München.

Uraufführung der Oper „Friedemann Bach" von Paul Graener
am 13.November 1931.
Am Cembalo Walther Ludwig in der Titelpartie

Abschiedsabend von Walther Ludwig und Hilde Singenstreu am 16. Juni 1932, am Flügel Werner Ladwig

Die Niederdeutsche Bühne in Schwerin 1930

Felsings Nachfolger bis 1945, die Intendanten Deharde, Hadwiger und Falk, hinterließen kaum bleibende Spuren. Auch waren sie von der Politik der NSDAP vollständig abhängig und konnten kaum profilierend wirken. 1943 wurde aus dem umgebauten ehemaligen Konzertsaal über dem Hauptfoyer die Kammerbühne. Die letzte Aufführung des Staatstheaters vor dem Ende des Krieges und der Naziherrschaft fand am 31. August 1944 statt („Fidelio"), nachdem Goebbels als Reichspropagandaminister die Einstellung der Theateraufführungen im

Joseph Haydn: „Die Welt auf dem Monde" 1932
Szene aus dem Mondballett des 2. Aktes

Deutschen Reich mit Wirkung vom 1. September 1944 an befohlen hatte. Ein allerletztes Mal gab es noch am 12. März 1945 eine eigentlich illegale Vorstellung der Niederdeutschen Bühne für Kinder auf der Kammerbühne, genehmigt oder schweigend geduldet von dem parteilosen Ministerialrat Reinhold Lobedanz, der nach 1945 die CDU in Mecklenburg-Vorpommern begründete.

Der „Neubeginn" nach dem Desaster des Nazireiches war in Schwerin, wie wohl anderswo auch, eigentlich unspektakulär. Das

Eduard Künnekes Operette „Glückliche Reise“ (1932)
in der Spielzeit 1932/33

Im Krieg gab's viel Unterhaltung: „Ingeborg" (1921) von Curt Goetz mit Hermann Borgolte, Brigitte Oehler und Georg Wille (v. l.) in der Spielzeit 1939/40

Bühnenbild von Erich Kempgens (1908-1944)
zu Mozarts Oper "Die Zauberflöte"
in der Spielzeit 1941/42

Theater blieb natürlich am Leben; die uralte Kunst der Menschendarstellung hatte in ihrer vieltausendjährigen Geschichte schon viele Katastrophen überlebt. Die erste Aufführung nach dem Krieg zeigte „Wiener Blut" von Johann Strauß und wurde für die Allierten gegeben; das deutsche Publikum durfte immerhin von den Rängen zuschauen. Das war am 29. Mai 1945.

Kleine Abschweifung nach Wismar: Dort hatte, anläßlich des Treffens der Marschälle Montgomery und Rokossowski am 7. Mai 1945, der spätere Richard-Strauss-Biograph Alan Jefferson als junger Soldat und Militärmusiker Richard Wagners „Fliegenden

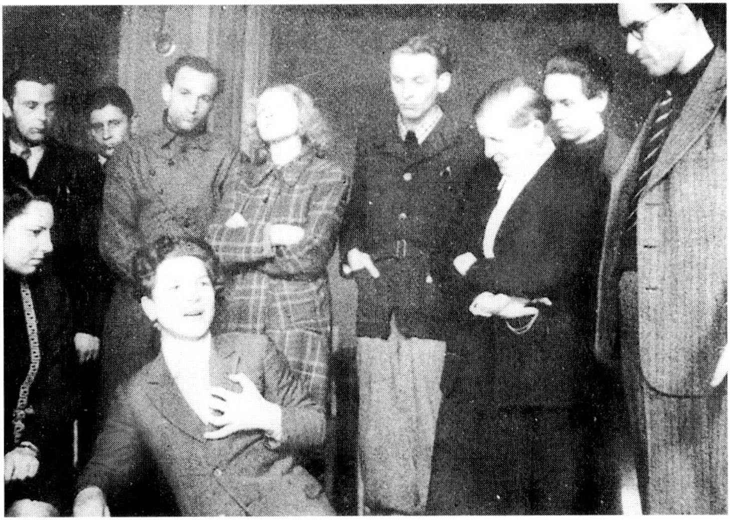

Lucie Höflich (3. v. r.) um 1947 im Kreise ihrer Schauspielschüler, im Vordergrund Otto Mellies (2. v. l.), 4. v. r. Gerd Micheel

Holländer“ mit bescheidensten Mitteln inszeniert - die wohl allererste Theateraufführung nach Kriegsende in Mecklenburg.

Daß sich das Schweriner Theater schnell erholte und mit großem Zulauf belohnt wurde, war das Verdienst nicht nur des Ensembles, sondern auch der Protagonistin Lucie Höflich, die als Schauspieldirektorin schon 1946 mit Geschick in das Getriebe der Bühne eingriff, Weisenborn und Shaw inszenierte und - bewußt oder unbewußt - Ekhofs Akademie-Gedanken wieder-aufgriff. Ihre Schauspielschule am Mecklenburgischen Staatsheater bestand bis 1948.

Verdis „Aida“ auf den Museumstreppen am 19. August 1950
Inszenierung: Erwin Bugge

Ähnlich glückliche Hand bewies auch Edgar Bennert, der 1949, zunächst kommissarisch, die Intendanz übernahm. Unter seiner Ägide inszenierte Hans Burckhardt „Faust I“, „Sophokles' „Antigone“ kam auf die Bühne, Brechts „Puntila“ folgte. Schauspieler wie Marion van de Kamp, Fred Düren, Eberhard Mellies, Gisela May spielten unter Bennerts weiser Intendanz und Regie.

Er kümmerte sich übrigens nicht nur um die Kunst und das Repertoire, er verschaffte seinen Mimen mit nachdrücklichen Eingaben auch die Lebensmittelkarten für Schwerarbeiter, was in jenen fettarmen Zeiten überlebenswichtig war. Bennert blieb

Maidemonstration mit Intendant Edgar Bennert (3.v.r.) 1955

im Amt bis zu seinem Tode 1960. Eine Straße in Schwerin-Lankow trägt, sehr zu Recht, seinen Namen. Er führte Shakespeare in der Übersetzung Rudolf Schallers erstmalig auf („Die lustigen Weiber von Windsor“, 1952), er engagierte Hans-Peter Minetti (ebenfalls 1952).

Hanne-Lore Kuhse war der Star der Oper. Sie blieb bis 1959 am Schweriner Theater. 1958 übernahm Kurt Masur das Pult der Staatskapelle. 25 300 Anrechtsinhaber ließen kaum jemals ein leeres Haus zu.

Mit Bennerts Tod 1960 ging für das Mecklenburgische Staatsheater die Nachkriegszeit zu Ende.

Amerikanische Dramatik: „Leuchtfeuer“ (1939) von Robert Ardrey, inszeniert von Lucie Höflich in der Spielzeit 1946/47

Sowjetische Dramatik: Auf 75 Aufführungen nach der Premiere in der Spielzeit 1950/51 brachte es die deutsche Erstaufführung der Komödie „Das Holunderwäldchen" (1950) von Alexander Kornejtschuk um Probleme in der Landwirtschaft. Inszenierung: Hannes Fischer

„Die Walküre" von Richard Wagner in der Spielzeit 1952/53.
Heinrich Geduldig als Wotan, Hanne-Lore Kuhse als Brünnhilde,
Inszenierung: Erwin Bugge

Manfred Zelt

Morgen war Premiere

Ein Theaterkritiker erzählt

Eine Lehrerin trippelt dienstbewußt mit ihren Schülern heran. Hinten am Postenhäuschen finstere Mienen. Vorn werden die Kleinen geordnet und, Kommando, Blick nach oben zur Stange. An deren Ende ein Porträtfoto. Dieses Bild kommt uns reichlich bekannt vor: Politbüro-Devotionalie, mißmutig geschleppt bei Mai-Märschen, möglichst rasch abgestellt an der nächsten Ecke hinter der Tribüne. Hier aber als Foto der Kopf von Landvogt Geßler. Er trägt einen Hut Marke Generalsekretär. Die Wiese bei Altdorf liegt mitten in der auslaufenden De-de-er. Februar 1989. Die Bühne ist in Schwerin.

Im Publikum wird der Atem angehalten, Grinsen ist zu sehen, auch Lachen gluckst auf, man kennt seine Premieren-Nachbarn. Kennt man sie? Egal. In dieser Aufführung hat die Subordination schon aufgehört: Friedrich Schillers „Wilhelm Tell", im Gedächtnis als altbackener Stoff für Schulaufsätze, in der Inszenierung von Christoph Schroth. Ihr In-tyrannos-Geist weht wenige Monate später auf den Demos vor dem Theater. Dann singen schon Tausende mit, was die Schauspieler an einem erregenden Abend aus dem Volksliederschatz gegraben haben.

„Es kann doch nicht immer so bleiben..."

Datumwechsel, Zeitenwechsel, derselbe Parkettplatz, zweite Reihe. Frühjahr 1992.

Die Szene ist auf einem und um ein Sofa herum. Vorgeführt wird mit jenen, die da sitzen, schwatzen, sich brüsten und zieren, ihre Gesellschaft: eine höfische von Jean Baptiste Molière 1666 in Paris. Auch sie kommt uns reichlich bekannt vor. Aus unserer Stadt jetzt und um sie herum. Der Unterschied zu Molières Zeiten: Das Kostüm à la mode bei der schönen Witwe Célimène ist aufregend kurz. Der Befund aber von Regisseur Michael Jurgons ist ohne Differenz: Wehe dem, der nicht lügt. „Le Misanthrope", der Menschenfeind, ist eigentlich ein rechter Menschenfreund, ein aufrechter und aufrichtiger. Sein Haß gilt den Verletzungen des Menschen durch Heuchelei und lächelnde Gemeinheiten. Dieser Alceste hat ein Ideal vom Menschen: „... in jedem Fall soll er in seinem Wort sein Denken spiegeln." Etwas anderes verzeiht Alceste nicht, selbst wenn er deswegen die Sympathie der Einflußreichen und einen Prozeß verliert, in dem er recht hat. „Der ehrliche Mann ist nicht klug", wußte ja auch Georg Christoph Lichtenberg. Modisches Outfit, wie es inzwischen heißt, eloquente Pose, die wir im Parkett noch lernen müssen, und schon ist die Regie mit Molière drin in der Beziehungsgesellschaft: Bussi hier, Bussi da, und keiner meint, was er sagt und umgekehrt. Alceste ein geistig Obdachloser. Molière - unser Zeitgenosse? Darüber hätte er sich wohl mit einer bissigen Komödie belustigt. Wir jedenfalls sind erheitert: „Ohne Theater", auch wenn Anton Tschechow diesen Satz erst später schreiben wird, „ohne Theater geht es nicht". Am wenigsten im Leben, klärt Molière uns auf. Ach, welcher Duft aus vergilbten Theaterkritiken, wieviel Absicht, wieviel Illusion und kein Beifall. Dennoch, Theater, vom Fach her natürlich Schauspiel zuvorderst, hat in Schwerin meist, oft ziemlich unmittelbar mit dem Leben der Besucher zu tun. Da scheint, doch, doch, den gibt es sogar im Mecklenburgischen, wo der Auswärtige nur Natur und keine Kultur vermutet, also, da scheint ein Genius loci zu walten: Conrad Ekhof. Bei ihm fängt die „Grammatik der Schauspielkunst“ an. 1753 eröffnet das Mitglied der berühmten Schönemannschen Gesellschaft in Schwerin die erste deutsche Theaterakademie. Er verbindet Theater und Arbeit zu einem Wort. „Der Bühne Pflicht ist“, heißt es bei ihm, „zu zeigen und hören zu lassen, was der Erdkreis lehrt.“ Freilich, und wenn es auch nur der Umkreis ist, das gilt heutzutage als altmodisch. Ein Kampf des Don Realote gegen den Wind der Event-Mühlen. Viele Regie-Treuhänder überführen längst das alte Hand-, Kopf- und Gefühlswerk des Dampftheaters in die Spaß-Industrie. Und wenn jene auch ohne Sinn auskommen, sie kommen nicht aus ohne die Grundbedingung seit der Antike: Das Interesse, also das Dabeisein des Publikums. Das gelingt erst, wenn das Internet das Theater ersetzt hat.

Nun sind des trocknen Tons wir aber satt. Hat nicht Karel Capek das Theater ironisiert als „Tollhaus der Interessen“, das dennoch Wunder hervorbringt, „das größte Wunder ist allerdings, daß es überhaupt funktioniert“. Das erstaunlichste Wunder: Es ist seit über 2000 Jahren unsterblich.

Woher diese Gesundheit? Aus der Spieler-Natur des Menschen. „Der Mensch“, sagt Schiller, „spielt nur, wo er in voller Bedeutung des Wortes Mensch ist, und er ist nur da ganz Mensch, wo er spielt". Auf der Bühne wie im Parkett. Wenn man ihn nur lassen wollte, Franz Jedermann würde schon seinen Don Juan hinlegen, daß dem Schauspieler jede Kritik am Publikum verginge.

Apropos Kritik, warum und zu welchem Ende wird man eigentlich Theaterkritiker? Vielleicht um Schiller zu widersprechen: Um den Mimen für die Nachwelt, wenn schon keine Kränze, dann zumindest ein trockenes Sträußlein Gänseblümchen zu flechten. Wenigstens kommt man eines Tages von seinem Studium in die Redaktion, allerlei Flausen und etwas Dramaturgie im Kopf. Da sitzt im musikalischen Fach der Senior Paul Friedrich Schumacher aus Zeiten, da sich neuengagierte Sänger beim Kritiker mit einem Antrittsbesuch vorzustellen pflegten. S-r nimmt einen zur Probe mit und rät: Gehen Sie mal auf den dritten Rang Seite und schauen nach, was man dort von dem Bühnenbild noch sieht. So etwas gehört nun auch schon zum vergessenen Handwerkszeug. Und dann ist ein Redakteur, der sagt einem durch leicht geschürzte Lippen: Da spielen sie im Staatstheater einen Brecht, wenigstens Sie müßten den doch kennen, gehen Sie da mal hin. Der ordentliche Anzug ist per Post immer noch unterwegs, im Pullover geht man seinerzeit nur ins Berliner Ensemble. Egal, Brecht bleibt Brecht. Und morgen war Premiere.

„Mutter Courage und ihre Kinder" also. 1958. Karin Seybert beeindruckend in der Titelrolle, nicht bloß ein Schatten der Weigel. Neben ihr Schauspieler, die zu den Stützen des Ensembles gehören und später zu führenden Bühnen im Osten: Eberhard

Mellies als Eilif, Gerd Micheel als Schweizerkas, Wolfgang Sasse als Koch, Herbert Sievers als Feldprediger. „Mittlerweile hat sich herausgestellt, daß Brechts Werk in der Interpretation durchaus variabel ist ... wenn Regisseur und Darsteller das Stück szenisch so erzählen, wie es geschrieben ist, und nicht, wie sie sich vorstellen, daß es Brecht habe spielen lassen." Ein etwas kühnes Urteil. Noch muß Brecht in Schwerin erst durchgesetzt und von der Pflicht seiner Modelle befreit werden. Ein Prozeß, den der junge Regisseur Erhard Kunkel in den nächsten Jahren vorantreibt mit „Pauken und Trompeten", mit „Kreidekreis" und „Puntila". Im doppelbödigen Stück vom Gutsherrn, der nüchtern ein Ekel ist, besoffen ein Mensch wird, spielt übrigens einer den Matti, der als Fernsehkommissar noch berühmt werden wird: Peter Borgelt. Auch privat ein konditionsstarker Feierer, der den Gastgeber erst verläßt, wenn kein Tropfen mehr zu finden ist.

Erst 35 Jahre nach ihrer Uraufführung in Berlin bringt die Weimarer Regisseurin Christa Lehmann erstmals die „Dreigroschenoper" nach Schwerin. Bis hin zu kleinen Programmen wird immer wieder die „Lust des Beginnens" mit Brecht geübt.

Schauspieldirektor Gert Jurgons schafft 1965 einen Höhepunkt mit dem „Galilei". Doch der Rezensent hadert mit dem Publikum. Er schreibt, es könne als die „andere Seite des Theaters" auch durchfallen: „Es kann einen der brechtsche Zorn packen, der da den Galilei rufen läßt: Glotzen ist nicht Sehen. Schweriner, wollt ihr ewig Operetten?" Manchmal stürmt man Barrikaden, die womöglich nicht vorhanden sind.

Das Schauspiel jener Jahre, obschon immer wieder von der ideologischen Peitsche traktiert, ist weder einseitig noch langweilig. Unter Edgar Bennert, wie schmeckt doch sein Intendantenwein nach Premieren, besonders beim Ballett, unter dem aufrechten Antifaschisten „Papa Bennert“, steht das Ensemble noch auf dem Nährboden, den Künstler wie Margarethe Taudte und Gisela May, Otto Mellies, Fred Düren, Hans-Peter Minetti, Hannes Fischer und Hermann Stövesand bereitet hatten. Bennert, der Düsseldorfer, hat das KZ Sachsenhausen und den Todesmarsch bis vor die Tore Schwerins überlebt. Ja, er war Kommunist und ein glühender Theatermann. Als er 1960 stirbt, noch nicht 70, zieht ein Trauerzug durch die Stadt, und viele stehen stumm am Straßenrand. Warum sollte man Geschichte nach der Mode redigieren?

Schwerin war immer ein Sprungbrett für Theaterzentren wie Berlin und Dresden, ist also eine lebendige Provinz, angeschlossen an die Strömungen dieser Kunst. Zu seiner 125-Jahr-Feier 1961 ist das Haus Gastgeber für eine „Emilia Galotti“ aus Lübeck, und man sieht, Lessings heimische „Minna“ braucht sich nicht zu verstecken. Nur, einen Anouilh, wie ihn die Landesbühne Schleswig-Holstein in Rendsburg zur Festwoche mit „Jeanne oder Die Lerche“ zeigt, den geben weder die Devisen noch die selbsternannten Kulturrevolutionäre her. Doch immerhin die DDR-Erstaufführung von Max Frischs „Biedermann und die Brandstifter“ im gleichen Jahr. Später von Heinar Kipphardt, der nach „Shakespeare dringend gesucht“ als Auflockerer desindoktrinierten Theaters in Ostberlin gescheitert ist und längst

Shakespeares „Hamlet" in der Übersetzung Rudolf Schallers mit Eberhard Mellies und Ruth Langer (Ophelia) hatte am 24. Januar 1957 Premiere. Inszenierung: Fritz Süßenbach

in München lebt, das Reportagestück über ein Geschäft mit Juden an Eichmanns Tisch: „Joel Brand". Fast vergessene Stücke werden ausgegraben, wie Ferdinand Bruckners „Elisabeth von England", die Ingeburg Göthel-Röder enorm expressiv spielt. Neue Stücke werden ausprobiert: Claus Hammels Version von Fontanes „Frau Jenny Treibel", die von Göthel komödiantisch zur „Unfair Lady" gemacht wird.

Apropos Komödiant, Wolfgang Engel, Regisseur von internationalem Rang, beginnt in Schwerin als Schauspiel-Eleve: Spielt in Franz Freitags LPG-Schwank „Der Egoist" einen Bauern mit der Schlitzohrigkeit einer Beckett-Figur. Als er Dresden hinter sich hat und Frankfurt am Main und die Intendanz in Leipzig noch vor sich, sagt er in Hamburg über Theater: Die Krise ist das Chaos, und das ist die Chance. Zur Erneuerung nämlich.

Halt. Pause. Ein Gläschen erstmal. Jetzt wollen wir endlich den Eindruck verhindern, hier werde eine Schweriner Theater-Geschichte versucht. Keine Chronologie. Zeitsprünge vielmehr, wie in moderner Dramatik üblich. Keine Einteilung in Akte, Dramaturgie ist heutzutage fließend, aber wir verwenden im Gegensatz zu modernen Schreibern noch Komma und Punkt, manchmal sogar an der richtigen Stelle. Archiv also ist nicht. Dazu fehlt schlicht die Neigung. Zur Theatergeschichte fällt einem auch ein, was Kurt Tucholsky schon 1932 gefunden hat: „Jeder historische Roman vermittelt ein ausgezeichnetes Bild von der Epoche des Verfassers". Nicht weniger die Theater-Historie. Für Theatergeschichten immerhin reichen, aufgefrischt durch alte Zeitungen, die Spuren im Gedächtnis. Sie sind kein ernsthafter Rivale der Akten, eher ein lächerlicher, aber sie können Szenen wieder vors Auge holen, Gestaltungen und Gestalten. Ob ein Nathan wirklich als ein Weiser wieder kommt in das innere Bild oder nicht, daran ist Theater noch zu messen, wenn es lange vorüber ist. Und zu den Theatergeschichten gehört nicht weniger, daß die Frau eines Intendanten, das wird geflüstert, ist aber nicht erfunden, ihm alle Hosenbeine abschneidet, damit er die Wohnung nicht verlassen kann. Warum wohl?

Dazu gehören auch die Witze von null Humor. Ausgerechnet anläßlich einer Komödie.

Wir schreiben noch Mai 1961. Mancher Kopf ist schon voll Beton. Bescheiden hat der Autor Helmut Sakowski laut eigenem Bekunden nichts weiter beabsichtigt als einen Schwank zu schreiben: „Weiberzwist und Liebeslist". Er spielt auf dem Dorf, wo sich zwei LPG-Brigade-Vorsteherinnen nicht grün sind, im Gegensatz zu ihren Kindern. Schon wieder, nölt der Kritiker, Landwirtschaft auf der Bühne und überschreibt: „Das Lustigste nicht". In den zuständigen Büros aber wird das Stück aus altbewährter Figuren-Mechanik landaufundab als Inkarnation der neuen sozialistischen Komödie gefeiert: lange gefordert, endlich bewiehert. Was also muß der Chefdramaturg des Theaters, der verdeckt auch schon als Rezensent ausgeholfen haben soll, tun? Er darf nicht länger schweigen. Er muß im Nachbarblatt am Ort dem „intellektuellen Standpunkt des Verfassers" Befangenheit im „vorschnellen Privaturteil" bescheinigen und deswegen Desorientierung des Publikums. Der Hat-immer-recht hebt den Zeigefinger: Wo bleibt das Herz für neue Dramatik?

„Der Hauptmann von Köpenick" von Carl Zuckmayer mit Bodo Schielicke, Gerd Alverdes, Karl-Heinz Löhmke, Wolfgang Engel und Gisela Wächter (v. l.) in der Spielzeit 1969/70

Ja, verdammt, was war es doch traurig, wo bleibt die neue Dramatik denn? „Unendliche Weiten“, ein Kolchosenstück, wird intern von den Schauspielern in „Unendliche Pleiten“ umgetauft. Und Privaturteil? Was sonst soll eine Rezension sein? Ein subjektives Urteil, das öffentlich wird, wie auch jede Inszenierung subjektiv ist.

Bald wenigstens kommt ein neuer Intendant. Im Urlaub im Sand von Prerow heißt es plötzlich, Martin Hellberg übernimmt Schwerin. Zurück demnach zum Barock, jedenfalls in der Attitüde des Hausherrn: „Wo wir sind, wird die Fahne der Kunst, das äußerst Mögliche verteidigt. Es ist auch eine Kunst, Publikum zu sein, und jede Stadt hat das Theater, das es verdient“. Man spürt sofort, der alte Dresdner Theaterhase war zwischendurch mit Ruhm beim Defa-Film. Seine Muse mit der „Mozartstimme“ erscheint mit dem Picknickkorb zum Frühstück am Chefsessel. Theater, mit und ohne Scherz, ist wieder Gesprächsstoff. Auch Lachstoff intern. Nicht bildweise, wie üblich, alle Schauspieler werden über alle Probenzeit bei Hellberg bestellt. Bei zögerlichem Einspruch nach ewigem Herumsitzen, breitet der Meister die Arme aus: Aber Kinder, ich brauche euch alle, ihr müßt doch sehen, wie ich inszeniere. „Krieg und Frieden“ etwa nach Tolstoi und Piscator in kluger Balance zwischen großem Bild und schauspielerischer Individualität: „Applaus bis weit über den Eisernen hinaus“. Oder „Viel Lärm um nichts“ von Shakespeare: „Hellberg hält auch Schockeffekte, ... einen Twist im Hintergrund für brauchbar“. Was man damals Schock nannte, unerklärlich heute. Eine Periode, in der es von Spielzeitbeginn im Herbst bis

„Optimistische Tragödie“ (1933) von Wsjewolod Wischnewski
in der Spielzeit 1960/61
Ingeburg Göthel als Kommissar, Hans-Lothar Dimke als Alexej
Inszenierung: Walter Niklaus

Jahresende allein acht Schauspiel-Premieren sprudelt. Und für die Staatskapelle fordert er unbotmäßig eine Auszeichnung, die nicht im Plan der Partei steht. Eine überzogene Etat-Summe, wegen der nicht mal jetzt ein Revisor krähen würde, geschweige denn damals, wird zu Hellbergs Vertreibung genutzt. Hellberg schreibt an Schumacher: „Mir hat Schwerin nicht viel Freude gemacht - aber Sie!"

Wahrscheinlicher Hintergrund der Absetzung: Das Theater wird zu unartig.

Selbst in Stücken der Klassik beginnt Aufbruch. Erhard Kunkel inszeniert „Romeo und Julia" erstmals mit kühler Sachlichkeit und choreographischer Geste auf einer riesigen Treppe. Die Liebestragödie in Feinfrost, pathosfrei, jugendnah. Gert Jurgons bringt mit Jürgen Rothert in der Titelrolle einen spektakulären „Richard III." auf die Bühne, zielend auf den Zynismus in jeglichem Machtgeschäft. Nicht nur, daß der Regisseur das uralte Requisit der Blutblase hervorholt, der Titelheld in seiner Vehemenz verletzt sich an einer scharfen Waffe so, daß er ärztlich behandelt, die Premiere unterbrochen werden muß. Der Hitzkopf Rothert will weiterspielen, der Arzt untersagt es. Nur noch zur Premierenfeier kommt es ohne Premiere. Beteiligte wissen bis heute: Rothert ist zuerst sauer, aber es wird das tollste Besäufnis seit langem.

Jurgons artikuliert in Shakespeares „Sturm" in der Fassung des Schweriner Übersetzers Rudolf Schaller statt märchenhafter Harmonie die Dissonanzen. Schaller, daran soll erinnert sein, hat einen großen redlichen Versuch zu Shakespeare hinterlas-

Das Ballett gab in der Spielzeit 1967/68 einen Strawinsky-Abend unter Klaus Tennstedt mit „Jeu de cartes“ (Foto), „Feuervogel“ (Choreographie: Marianne Böning) und „Petruschka“ (Choreographie: Grita Krätke a.G.)

sen, er fing in einem Alter damit an, in dem andere mit der Arbeit aufhören, die Mimen haben es ihm kaum gedankt. Es ist unbequem, neue Texte zu lernen. Es zündet allerdings auch nicht alles auf der Bühne, was theoretisch logisch ist. Alles Vorhaben unter dem Himmel, hat wohl der Prediger Salomo gesagt, hat seine Stunde. Auf dem Theater zumal.

Eine glückliche Stunde ist die Eröffnung des Dachbodentheaters TiK im Haus des Kulturbundes in der Spielzeit 1968/69. War es nicht ein Freitag, der 13.? Intendant Rudi Kostka jedenfalls ist gegenüber den lockeren Formen nicht verschlossen.

Es beginnt mit „Mittagspause“ und „Pflichtmandat“ des Briten John Mortimer. Zwei Clownspiele, in denen eine Kluft sich auftut zwischen noch nicht verlorener Illusion und penetranter Wirklichkeit. Nicht der platte Witz, das Vergnügen am Grotesken im Menschen wird dann für viele Jahre das Markenzeichen dieser Bühne, wo der Zuschauer den Atem des Darstellers spürt und dieser notfalls dessen Beine in der ersten Reihe. Es gibt Boulevard-Theater von intellektuellem Niveau in Jerome Kiltys „Geliebter Lügner“. Ein Brief-Stück über den Autor George Bernard Shaw und die Schauspielerin Campbell, von Gretel Müller-Liebers und Gerd Alverdes so delikat gespielt, daß sich der Kritiker schon mal zu Worten versteigt wie „superbe Malice“ und seine Sätze abhackt.

Dann schreibt der Leser Dr. Schmidt aus Perleberg eine schlecht leserliche Karte und nennt ihn „Sprachmörder“. Umgebracht wird im TiK jedenfalls jenes Theater, für das man sich

Fritz-Reuter-Bühne: „De Dackhaas“ von Eckart Heinrichs nach „Kater Lampe“ von Emil Rosenow 1961/62 mit Elli Jessen-Somann, Günter Grewolls und Karl Wilcke Inszenierung: Walter Hunger

„My Fair Lady", Musical von Frederick Loewe (1956), in der Spielzeit 1968/69 inszeniert von Joachim Robert Lang mit Ekkehard Hahn, Günter Bruhn, Jutta Neubert, Heinz Neumann, Ingeborg Kollmann (v .l.)

vorher den Hals waschen und dann geradesetzen muß. Hier streift einen nicht der Mantel der Geschichte. Die Fahnen von Lust, Laune und Unsinn mit Tiefenwirkung wehen. Im knisternden erotischen Programm „Plaisir d'amour", das Wolfgang Wöhlert entwirft, in der „Schwejk"-Fassung von Wolfgang Böttcher, wo Heinz Kamm die Rolle seines Lebens findet. Zwei sagenhafte Erfolge, kein Märchen, daß die Zuschauer dafür in über hundert Vorstellungen anstehen.

Und im Großen Haus beherrschen Schillers „Räuber" die Bühne mit aller Ungebärdigkeit ihrer Entstehungszeit, die man ihnen lange per Deklamation ausgetrieben hatte.

„Die neuen Leiden des jungen W." von Ulrich Plenzdorf sind auch nicht gerade ein braves Stück aus dem Parteilehrjahr. Schon zuvor trägt im sinnenfrohen „Frieden" von Peter Hacks nach Aristophanes Karin Heilmann im antikisierenden Kostüm ihren hübschen Busen frei auf dem Bande. Was sagt der führende Bezirkspartei-Ideologe dazu? „Verhüllung", ruft er. Wat de Buer nich kennt ..., sagt der Mecklenburger. Die alleinseligmachende Partei sagt: Dekadenz. Humor ist reserviert für den Brigade-Suff. Nun fehlt nur noch jenes Paket zu Brechts „Schwejk im zweiten Weltkrieg", für das Effi, der Grafiker Karlheinz Effenberger, die Titelfigur in einer umgedrehten Thälmann-Münze entdeckt. Volkswitz? Verrat! Keine Partei mehr für den parteilosen Jurgons und seinen Dramaturgen Wöhlert. Erstmal Ende eines Anfangs.

1972 ist Flaute beim Publikum. Eine Krise der Besucher oder des Theaters? Darüber wird orakelt, seit Theater besteht. Mal keine Stücke, mal kein Publikum, mal keine Regisseure, mal

„Die neuen Leiden des jungen W." von Ulrich Plenzdorf in der Spielzeit 1972/73, Inszenierung: Gert Jurgons

die Einmischung der Geldgeber, mal die Intoleranz der Ideologen. Aber tot wird Theater nach einem oft gebrauchten Wort erst sein, wenn von seiner Krise nicht mehr gesprochen wird.

1974 wird dann im Theater erst einmal über Theater geschrieben. Mit zweihundertfünfundfünfzig Druckzeilen im hauseigenen „Theaterforum" Nr. 1 schlagen Christoph Schroth und seine Dramaturgin Bärbel Jaksch Thesen an. Die Überschrift stammt von Brecht: „In der Kunst genießen die Menschen das Leben". Da heißt es: „Die Theaterkunst ist von vornherein und in jedem Falle ein gesellschaftlicher Vorgang, ein gesellschaftliches Ereignis.

Natürlich wird das Kunstwerk Theatervorstellung ohne die Anwesenheit der Zuschauer vorbereitet. Aber auch in der Vorbereitung ist der Zuschauer in der Absicht und Vorstellung der Theaterleute ständig anwesend. Und die eigentliche Produktion des Kunstwerks findet nur und ausschließlich in Gegenwart der Zuschauer statt." Und zum Schluß: „Der Lohn dieser Anstrengungen wird darin bestehen, daß wir statt des sattsam bekannten Auseinanderfallens von billiger Unterhaltung und bedeutungsschwerer Lehrhaftigkeit theatralische Veranstaltungen erreichen werden, in denen die Menschen auf leichte Weise ihre eigene Wirklichkeit genußvoll nacherleben."

Luftholen, na ja, genußvoll nachlesen läßt sich das nicht, es riecht nach Staub, das Lächeln über die Utopien ist nahe. Aber Vorsicht. „Die Leute blicken immer so verächtlich auf vergangene Zeiten, weil sie dies und jenes noch nicht besaßen, was wir heute besitzen. Aber dabei setzen sie stillschweigend voraus, daß die neue Epoche alles das habe, was man früher gehabt hat, plus dem Neuen. Das ist ein Denkfehler. Es ist nicht nur vieles hinzugekommen. Es ist auch vieles verlorengegangen, im guten wie im bösen. Die von damals hatten vieles noch nicht. Aber wir haben vieles nicht mehr." Wenn man Tucholskys Überlegung mal bloß aufs Theater bezieht, kommt sie einem noch immer gültig vor. Und was ist aus der schrecklich langen Botschaft geworden? Meist kurzweiliges Theater. Kurzweilig? Da sieht man Schroth die Augen etwas zukneifen, dem Wort mißtraut er, es klingt nach unverbindlicher Belustigung. Genau das will er nicht, wie er Theater auch nicht will als abgehobenes Bildungsornament.

Christoph Schroth und Bärbel Jaksch bei der Vorbereitung einer Inszenierung

Erregung, im produktiven Sinne des Wortes, die will er. In seinen Inszenierungen soll sich der Zuschauer selbst entdecken.

Entdecken. Aus dem Wort macht Schroth in Schwerin eine Theaterhaltung und beileibe nicht nur Haltungstheater. Der Theaterbau wird bei spektakulären „Entdeckungen“ in Sachen Brecht, Gegenwartsdramatik oder Antike zum spielerischen Forum. Im feinen Haus statt vornehmer Theaterfeste unerhörte Theaterfeten. Da werden von der Kassenhalle bis hinauf zur Probenbühne unterm Dach, die vorher kein Besucher gesehen hat, bis zu 14 Aufführungen an einem Abend parallel und nach einander gespielt. Zwischendurch essen und trinken, per Suppenlöffel A oder B wählt man eine Inszenierung, danach Diskussionen mit den Darstellern, auch Tanz und gemeinsame Lieder. Der Abend sagt dem Morgen guten Tag. Es ist mitunter auch ein Kampf mit den Bestimmungen der Feuerwehr; zuviel Besucher.

Von Euripides bis Goethe, von Shakespeare bis Heiner Müller bringt das Theater seine Welterfahrung ein in die Auseinandersetzung von Geist und Macht, mit der es, wie mit Ohnmacht, zunehmend zu tun hat, aber auch zu tun bekommt. Das Theater ist kein Refugium mehr, der Wirklichkeit auszuweichen, ein Refugium dennoch, weil nirgends sonst öffentlich derart Widersprüche benannt werden.

Schroth erobert auch den vormals herzoglichen Marstall als Spielstätte. Ein variabler Raum, der Darsteller und Zuschauer kaum trennt. Und im Schweriner Theater begegnen sich Leute und sprechen miteinander, die sich sonst in der provinziellen Stadt aus dem Wege gehen: der Angestellte und Datschen-Inhaber und die abenteuerliche junge Generation, die anreist mit der Liegematte und der Flasche Rotwein im Rucksack für kühle Nächte. Ein bißchen demokratisch ist dieses Vergnügen durchaus. Es erreicht einen Höhepunkt in den „DDR-Entdeckungen" 1988 mit „Duell" und „Kentauren" von Heiner Müller. Aus einem dramaturgisch ungegliederten Text gewinnt Regisseur Schroth gruppendynamische Metaphern zu ideologischen Zwängen, in denen die Assoziationen zu Biographien der Zuschauer unausweichlich werden.

„Entdeckungen" waren eine Spielform, bei der die konventionellen Grenzen zwischen Bühne und Publikum aufgehoben wurden

Und im hinreißenden, manegenreifen Duett bringen Nadja Engel und Veit Schubert die Absurditäten der Staatsbürokratie so fulminant aufs Clown-Parterre, daß die Verschwörung zwischen Theater und Publikum zum Prusten gerät. Schließlich dann mit „Tell"der Schuß auf die einheimischen Geßler-Hüte.

Das Ost-Theater, wird später gespöttelt, war nur geduldetes Ventil. Na ja, hätten mal alle so gepustet.

Es ist die Zeit des Regie-Theaters, der Bilder mit Hintersinn. In Brigitte Reimanns „Franziska Linkerhand", von Bärbel Jaksch und Heiner Maaß für die Bühne gefaßt, ist es die Schaukel, auf der Franziska denkt: Es muß sie geben, die Synthese zwischen dem Notwendigen und dem Schönen. Leer zuletzt, pendelt sie als fragende Pointe zwischen diesen Polen, und das betrifft nicht nur die Architektur. Hier ist noch eine persönliche Dimension: Franziska wird gespielt von Angelika Waller als Gast vom Berliner Ensemble, und ihr wird eine Beziehung zum Politbüromitglied Werner Lamberz nachgesagt, der als Kronprinz gehandelt wird.

Oft ist die Bühne ein Merk-Mal. Da ist der expressionistische Kragler von Wolf-Dieter Lingk in Brechts „Trommeln in der Nacht". Gerade hat der enttäuscht heimgekehrte Krieger wütend nach Menschenrecht und Revolution geschrien, da setzte er sich grinsend mit seiner sexuell beschädigten Braut Anna auf ein Kanapee und läßt die Spieldose die „Internationale" klimpern. Wenn einem beim Anblick eines Kanapees ungemütlich wird, muß man wohl aufmerken. Es mag sein, daß mancher auf dem Theater hauptsächlich den Text eines Stückes hören will und nicht Zeichen deuten, die ihn beanspruchen. Soll er lesen. Die szeni-

Angelika Waller in „Franziska Linkerhand“ von Bärbel Jaksch und Heiner Maaß nach dem Roman von Brigitte Reimann in der Spielzeit 1978/79, Inszenierung: Christoph Schroth

schen Metaphern dieser Jahre sind aus auf einen Realismus, den Brecht so beschrieben hat: „Realismus ist nicht, wie die wirklichen Dinge sind, sondern wie die Dinge wirklich sind.“ Zögernd mit gleichem Atem sei noch Goethe herbeigeholt: „Das Gedichtete behauptet sein Recht wie das Geschehene.“ Bei Schroth behauptet es das Gespielte ebenso. Und Schritt für Schritt taucht zwischen den Bild-Formeln des Regietheaters auch der Schauspieler, gelegentlich vermißt mit seinem Inneren, wieder auf als der eigentliche König der Bühne. In provokativer Umkehrung der Verhältnisse agiert er im Zuschauerraum bei Heinar Kipphardts „Bruder Eichmann“. Ein Jedermann, den Horst Westphal spielt in der Stimmung älterer Semester beim Klassentreffen. Verantwortung? Nicht seine Sache. Immer unauffällig gelebt. Der brauchbarste Angestellte der Welt.

Das Monster im Biedermann.

Immer wieder bekommen junge Autoren eine Chance. Georg Seidel, einst Bühnenarbeiter am Berliner Ensemble, mit „Kondensmilchpanorama“ und „Carmen Kittel“ oder Irina Liebmann mit „Berliner Kindl“. Es sind Versuche, das Leben in der DDR auf die Bühne zu bringen, wie es nicht in der Zeitung steht. Zum Verbreiten der Wahrheit gehört auch List, hat Brecht gedacht, und sie haust in den Verkleidungen der Rollen.

Noch lebt die Illusion vom Eingreifen, die Ansicht, das Theater könne wenigstens ein klein wenig an der Wirklichkeit verändern, indem es den Zuschauer verändert. Darüber kann man spotten, aber wer nicht den Klugscheißer hinterher spielen will, muß schon die Befindlichkeiten jener Zeit akzeptieren.

Horst Westphal (r.) und Wolfgang Hentsch (l.) in Heinar Kipphardts „Bruder Eichmann“ in der Spielzeit 1983/84, Inszenierung: Christoph Schroth

Schroth formuliert Regiearbeit einmal so: „Die Angst vor der ersten Probe, die Unsicherheit des Partners, das Glück des spontanen Findens, das Glück des Aufgehens von Erdachtem. Das Mißtrauen in die gefundene erste Lösung. Die Lust am Ausprobieren, der Spaß an neu gefundenen Lösungen, das befreiende Lachen auf der Probe. Der wahnsinnig machende Zeitdruck, der Druck, Ereignisse fixieren zu müssen. Der Kampf mit der Zeit wird auch zum Kampf mit den Arbeitspartnern. Der dauernde Widerspruch - Emotionen, Sensibilität, Empfindsamkeit des Schauspielers in Übereinstimmung zu kriegen mit Spielweise, der gesuchten Form. Der Kampf um den Rhythmus und die Trägheit der Seelen. Das Gespräch am Morgen vor der Probe über das Plenum in Moskau und das in Berlin."

Irrtümer? Die Verbindung von Realität und Kunstausdruck ist ein Erbe. „Man ist ebensogut Zeitbürger, als man Staatsbürger ist. Erwartungsvoll sind die Blicke des Philosophen wie des Weltmanns auf den politischen Schauplatz geheftet, wo jetzt, wie man glaubt, das große Schicksal der Menschheit verhandelt wird." Hat schon der Dramatiker Schiller geglaubt. Heute gewiß kaum jemand. Immer wieder wird Klassik neu befragt. Gertrud-Elisabeth Zillmer schöpft aus „Minna von Barnhelm" mit melancholischer Heiterkeit Ansichten zu dem Lessing-Satz „Es sei uns immer angenehmer, Menschlichkeit zu zeigen als Lebensart". Tellheim zeigt Lebensart bis zur Groteske, Minna ficht um Menschlichkeit mit List. Der Neuklassiker „Dreigroschenoper" wird in Schroths Regie zwischen langen Biertischen und wandhohen Whiskykartons aus dem Intershop-Laden eine Mar-

Brechts „Dreigroschenoper“ im Marstall
in der Spielzeit 1984/85. Bärbel Röhl als Polly,
Inszenierung: Christoph Schroth

Während einer der Marstallaufführungen in den achtziger Jahren

stall-Sensation. Der reitende Bote zum Finale kommt echt zu Pferde. Wie sonst im Marstall?

„Romeo und Julia“ ist dort ein wilder Kampf unterm schwarzen Baldachin in der Arena von Verona. Wie in einem Sportstadion schaut der Zuschauer von der Tribüne in einen ausweglosen Ort. Wie sonst in die Disco, strömen die Altersgefährten des klassischen Paares, das hier ganz zeitnah sich bewegt, in den Marstall. Für Shakespeares „Wintermärchen“ zieht Lothar Scharsich, der opulente Bühnenbauer dieser Jahre, die einst berühmte Jessner-Treppe weit auseinander, die Ebenen strahlen wie von weißem

Shakespeares „Wintermärchen" in der Spielzeit 1986/87
u.a. mit Ute Kämpfer, Heinrich Schmidt, Nadja Engel

Marmor, ein Bach hat sich hineingefressen. „Böhmen liegt am Meer", über große Kieselsteine rinnt das Wasser, es versiegt, wenn die Liebe versiegt im Rausch der Macht. Mimus, Maske, Geistertanz. Das Spiel greift über auf die Zuschauer: Wein wird gereicht und Schmalzbrot und aus Mopsa Rock Marzipankartoffeln, nach Thymian und Minze riecht es. Bei allen Gedanken um Frau, Macht und Humanität, mit dem das Projekt antritt, ist da notwendig die Sinnlichkeit, der Hauch von dem, was Goethe bestaunte bei Shakespeare: „... wir finden uns auf einmal als Vertraute der Tugend und des Lasters ..., wir erfahren die Wahrheit des Lebens und wissen nicht wie."

Doch wir sinnen über sie nach. Das ist nun das Stichwort für einen Kopf. In der Regel kann ein Dramaturg mit öffentlichem Lorbeer nicht rechnen. Hier aber bestätigt Bärbel Jaksch die Ausnahme. Strategie des Hauses und Konzeption vieler prägender Inszenierungen hängen an ihren Fäden. Im günstigen Falle und im positiven Sinne gilt vielleicht: Wird ein Dramaturg vom Zuschauer nicht bemerkt, ist er gut.

„Unsere Formen der Kommunikation mit dem Publikum sind keine modischen Erfindungen, sondern leben aus der Wirkungsabsicht", sagt Jaksch.

Das gilt auch für „Antike-Entdeckungen" mit „Iphigenie in Aulis" und „Troerinnen" von Euripides, dem „Agamemnon" von Aischylos und den „Acharnern" von Aristophanes in der Fassung von Kurt Bartsch als Satyrspiel: Einen privaten Frieden machen kann keiner.

Vor dem Theater überlebensgroß ein Trojanisches Pferd und schwarze Fahnen, aus Pylonen schlagen Flammen. Im Foyer sitzt Joachim John, Mitglied der Akademie der Künste, und wirft für den Solidaritätspreis von zehn Mark Federzeichnungen aufs Papier mit den Motiven der Mythen. Daneben Eintopf-Essen, es ist Krieg. Auf den Bühnen von hellem Marmor und schönem Faltenwurf nichts. Das gymnasiale Antike-Klischee von edler Einfalt und stiller Größe kommt nicht vor. Holzbildnisse mit der Axt gehauen, krustige Tücher. Erde, Wasser, Schlamm und das Schauergeräusch tropfenden Bluts. Radikal hebt Schroth den klassizistischen Sargdeckel von der Antike und entdeckt Men-

Wer ist Schauspieler, wer Publikum?
Bei „Entdeckungen“ war die Kommunikation hautnah

„Antike-Entdeckungen“:
„Die Bretter sind, die Pforten aufgeschlagen...“

schenbilder in dauernden Katastrophen. Die Griechen vernichten Troja. „Ach, wenn erst Troja gefallen ist ...,“ skandiert der Chor der Frauen auf eine sentimentale Musik, die an „Lili Marlen“ erinnert. Die Sieger aber kommen nicht davon, sie gewinnen auch ihre Vernichtung gegenseitig.

Brutalität zeugt Brutalität.

Antike Dramen, humanistischer Bildungsballast?

Die Wucht dieses Abends hat ein schlichtes Geheimnis. Schroth hat die Tragödien vom Kothurn herunter auf die nackten Füße geholt. Es muß einer von Atriden und von Priamos' Geschlecht, von Göttersagen und Hybris, vom Ringen zwischen Mutterrecht und Vaterrecht nicht unbedingt gehört haben, um gepackt zu sein von diesen existentiellen Konflikten.Die aus Anmaßung kommen. Und übrigens drohen gerade die Mittelstreckenraketen aus Ost und West. „Und daß die Schauspieler nach sechs Stunden noch ins Foyer kommen, um mit den Zuschauern zu reden, das finde ich ganz toll“, sagt eine Studentin.

Das Schweriner Schauspiel gastiert mit diesem Abend 1984 beim Theater der Nationen in Nancy, im gleichen Jahr zu den Berliner Festtagen und 1985 zu den Wiener Festwochen. Die „Kronenzeitung“, nicht im Verdacht einer heimlichen linken Liebe zum DDR-Theater, schreibt: „Was so imponiert, ist die großartige Personenführung, die aus bei uns unbekannten Schauspielern Bühnengrößen macht, und es ist die enorme Spielfreude der Mitwirkenden, die auch das Publikum mitreißt. Selten hat man ein Ensemble erlebt,das sich so hemmungslos

Horst Kotterba als Bote in „Agamemnon"
von Gerhard Kelling nach Aischylos
in der Spielzeit 1982/83,
Inszenierung: Christoph Schroth

verausgabt." Sicher, wie die Verhältnisse sind, spielt das Ensemble auch immer ein bißchen um die nächste Reise. Teile der Schweriner Antike sind auf griechische Einladung sogar in Athen und Delphi zu sehen. Wie das Ensemble, fast sensationeller noch als etwa die Einladung nach Italien, auch in Westberlin, Saarbrücken, Duisburg und anderen Städten gastiert. Um den Preis, daß es gute Schauspieler verliert.

Eine Blütezeit also mit Gewitterschauern bei der Rückkehr. Cornelia Heyse spielt später in Zürich, Cornelia Lippert am Burgtheater in Wien, Horst Kotterba taucht an den Münchner Kammerspielen wieder auf. Auch daran läßt sich ablesen, im Schweriner Schauspiel herrschen nicht nur erklärte Absichten, sondern die Wirkung der Bilder kommt von schauspielerischer Potenz.

Was soll man von der Unternehmung hoffen, einen blassen Schimmer davon aufs Papier zu bringen? Wie die Zuschauer im Parkett, sitzen die Betrachter, schon mit hohen Augenbrauen gelassen da und möchten gern erstaunen. Doch so verlegen bin ich nie gewesen: Zwar sind sie an das Beste nicht gewöhnt, allein, sie haben schrecklich viel gelesen. Wie machen wir's, daß alles frisch und neu und mit Bedeutung auch gefällig sei?" Womit wir endlich bei Goethes „Faust" sind. Beide Teile an einem Abend. Premiere im September 1979, einhundertfünf Vorstellungen folgen, Wartelisten nach Karten, zehn Jahre ausverkauft. Tatsächlich eine wahre Legende.

Christoph Schroth wagt die Tragödie zu kreuzen mit der Komödie. „Es stecken darin einige gute Späße ..., welche die Welt über kurz oder lang auf manche Weise benutzen wird“, ahnt Goethe 1831 zum Stück, und daß die Nachfahren „es zu ihrem Zwecke klug gebrauchen ..., das ist alles, was man erwarten kann.“

Klug gebraucht wird das „inkommensurable“ Werk seither fast ausschließlich als Bühnen-Philosophie vom immer strebenden Bemühen des Menschen. Natürlich haben großartige Darsteller die Theatergeschichte damit geschmückt. Schroth schlägt kühn ein neues Inszenierungs-Kapitel nicht nur im Osten auf: Die Titelfigur bekommt je nach ihren Lebensphasen von vier Schauspielern Gestalt. Den Mephisto spielt eine Frau.

Suggestion statt Tradition.

Die Aufführung mit literaturwissenschaftlicher Diskussion erfassen zu wollen wäre ein Mißverständnis. Der Osterspaziergang: Ein alter Mann hetzt keuchend ins Freie, fällt, greift in die Erde, schreit gejagt heraus, was er ringsum an Leben sieht. Denn sein Leben wollte er vor Minuten noch wegwerfen. Nun, da es ihm wiedergegeben ist, rennt er immer noch wie vor dem Tod davon und vor sich selbst, der er eben noch war, und außer Atem ins Leben hinein, daß es ihm nicht wieder entfliehe. Wir haben den Text als Schulgedicht gelernt. Das ist vergessen hier. Doch die Situation ist gespielt.

Der verjüngte Faust hilft Gretchen auf dem Wäschehof beim Aufhängen, die Gretchenfrage wird dann im Bett gestellt. Mephisto, der beim Pakt den Blutstropfen wie eine lang entbehrte Droge einsaugt, mit Melonen-Hut auf dem Kopf, bodenlangem Schal und das Hemd über der Hose. Wagner mit Picknick-Korb.

Goethes „Faust", inszeniert von Christoph Schroth,
erreichte von 1979 bis 1989 insgesamt 106 Aufführungen.
Lore Tappe als Mephisto,
Wolf-Dieter Lingk als einer der vier Faust-Darsteller

Das Hexeneinmaleins als Schlagershow, die Hexenküche als Transvestitensalon mit Tango. Gretchen im Kerker auf einem Gynäkologenstuhl. Zur Walpurgisnacht marschiert bieder eine Klampfengruppe an, Betriebsausflug, bei dem man sich eine Sexorgie leistet. Papp-Engel mit aufklappbaren Gesichtern am Anfang, Engel naturell mit nacktem Po am Ende. Dazwischen wird Homunkulus gezeugt als Fernsehbild im Koffergerät.

Natürlich sieht mancher das auch mit Widerwillen. Ein Mann aus Auerbach im Vogtland schreibt einen Brief: „Bei dem, was da Bearbeiter, Musiker, Ausstatter, Schauspieler und vor allem der Regisseur Christoph Schroth auf die Bretter stellten, konnte man fast meinen, als hätten diese Leute noch nie den wirklichen Faust von Johann Wolfgang Goethe gelesen und noch nie eine Faust-Aufführung in einem wirklichen Theater gesehen."

Was ist der wirkliche Faust, was das wirkliche Theater?

Ach, wer das wüßte!

Noch zur 100. Vorstellung 1988 ist die Aufführung „herrlich wie am ersten Tag". Weil sie streitbar ist und nicht aus dem Museum. Hier muß der Olympier Goethe zu Fuß gehen, was bekanntlich jung hält. Knallbonbon zum Schluß der Hundertsten: Regisseur Schroth erscheint auf der Szene und verlangt ungeduldig Beifall. Büffet und Flaschen warten. Hinter dem Vorhang gibt es Geschenke, für Mephisto einen Dackel.

Es ist im besten Sinne die Provokation dieser Inszenierung, vorgefaßte Bilder zu zerstören, sich nicht der Erwartung hinzugeben, sondern der Lust und dem Spürsinn. Plötzlich nämlich haben verbrauchte Worte einen frischen Klang, bekannte Vorgänge wirken wie erstmals gesehen. Nicht alles gelingt. Im zweiten Teil geht der Puls mitunter auf die Lesebuch-Frequenz zurück. Dennoch eine drängende, farbige, kantige Welt-, Höllen- und Himmelfahrt. Beleuchtet von den Schauspielern.

Der Studierstuben-Faust von Wolf-Dieter Lingk in Einstein-Maske, abgerissen, in sich zerrissen, angeekelt, skeptisch, ein Intellektueller in der Krise, der in der Teufelswette eine Herausforderung seiner Fähigkeiten sieht. Horst Kotterba, der Jüngling: unbelastet, locker wie die Turnschuhgeneration, mit lauten Gesten, aber auch fähig zu einem Leisesein, das man der Jugend oft nicht mehr zutraut. Peer Jäger: ganz aufsteigender, erobernder Faust, der die Welt managen lernt und Mephisto den Arsch verhaut. Heinrich Schmidt schließlich als mächtiger Boß im Palast, scharf, zielbewußt, doch an einer menschlichen Grenze, nahe der Grenze des Menschlichen. Das Gretchen von Bärbel Röhl ist aus Fleisch, nicht aus Sprüchen, ohne Getue natürlich. Zum Clou aber wird das Experiment: der weibliche Teufel von Lore Tappe. Im Grundton ist ihre Mephista weder mystisch noch zynisch, sondern komödiantisch. Mephisto ist genau der vom Herrn genannte Schalk. Er kann nicht nur mit den Fingern schnipsen und etwas geschieht: Er muß tüchtig ackern, um seine Wette zu gewinnen. Da changieren Verführung und Widerspruch, Wort und Aktion auch im Reiz weiblicher Umkehrung. Da fließt altes Gauklerblut, gezogen auf die Spritze moderner Bühnenmedizin.

Die vier Faust-Darsteller aber sprechen wie in einem Stück des sogenannten absurden Theaters mit dem Kopf aus dem Gra-

be den Chorus mysticus:
„Alles Vergängliche ist nur ein Gleichnis ..."

Wie das „Unzulängliche" oft Ereignis wird und das „Unbeschreibliche" getan in den Spielzeiten zwischen 1974 und 1989. Zuerst vollzieht sich dann eine künstlerische Zäsur. Christoph Schroth, Bärbel Jaksch, mit ihnen eine Garde junger Schauspieler, gehen ans Berliner Ensemble. Am Ende des Schweriner Aufsehens sagt Jaksch: „Es war hier ein Versuch, den Traum unserer Lehrer Brecht und Eisler noch einmal unter anderen Bedingungen zu verwirklichen: Realismus und Volkstümlichkeit zu einer vernünftigen Synthese zu bringen. Aber unser Ausgangspunkt brauchte, anders als in der Anfangszeit des Berliner Ensembles, keine didaktische Haltung zu sein, wir konnten uns ohne Besserwisserei mit den Zuschauern über unsere gemeinsamen Probleme, Gefühle und Bedürfnisse verständigen." Und Schroth fügt an: „Trotz unserer Spitzenleistungen gab es ein völlig anderes Umgehen mit uns als beispielsweise mit Leistungssportlern. Wir standen immer unter Beweisdruck. Trotz unserer Erfolge waren wir wohl ein bißchen eine Insel."

Es dauert nicht mehr lange, dann erhält das Wort eine umwälzende Bedeutung im wirklichen Leben.

Zuvor aber sei in aller Ruhe an den berühmten „Wallenstein"-Prolog gedacht, den Schiller zur Wiedereröffnung der Schaubühne in Weimar 1798 schreibt: „Denn schnell und spurlos geht des Mimen Kunst, die wunderbare, an dem Sinn vorüber, wenn das Gebild des Meißels, der Gesang des Dichters nach Jahrtausenden noch leben. Hier stirbt der Zauber mit dem Künstler ab, und wie der Klang verhallet in dem Ohr, verrauscht des Augenblicks geschwinde Schöpfung." Nicht immer ganz. Nicht bei Heinrich Schmidt. Zwischen 1962 und 1991 prägt er Helden und Komiker mit Hingabe, Streitbarkeit und Lebensgenuß. Eine massive Gestalt voller sensibler Reaktionen. Einer der wenigen des Jahrgangs 22, die dem Krieg entronnen sind. Er spielt auch, um die Sehnsüchte seiner verlorenen Generation zu überliefern. Das Leben kein Spiel, das Spiel aber Leben.

Wer ihn länger kennt, dem scheint, als wüchsen aus seinen Rollen ihm selbst Haltungen zu: die Verteidigung der Wahrheit vom Galilei, die abgeklärte Vernunft vom Nathan, das Epikureische vom Puntila, die Lebenslust vom Zettel des „Sommernachtstraums", der gewiefte Gerechtigkeitssinn vom Azdak, die Sinnsuche vom Faust und die prallen Sinne vom Dorfrichter Adam. Wie er in Lumpen als wundersamer alter Schäfer im „Wintermärchen" lacht, mehr mit dem Gesicht als mit der Stimme, das ist ein Strom aus weitem Herzen, bei dem einem wohl werden kann. Weitherzig ist auch sein Leben. Er nimmt den Bühnenarbeiter Wolfgang Engel an die Hand, macht einen Schauspieler aus ihm, der später ein bedeutender Theatermacher wird. Schmidts Souveränität - das ins Ohr von Leuten, die Theater für überwiegend Schlampwirtschaft halten -, sein Spiel, das nicht geprobt wirkt, sondern wie im Nu entstanden, es ist ein Gutteil Fleiß und Disziplin.

Auf der Probe ist er nicht leer, ob er da nachts gefeiert hat oder nicht, und wenn, hat er nicht zu kurz. Er ist eine Vaterfigur im Ensemble und bleibt ein Lausbub. Der Schauspielerin Ingrid

„Play Strindberg" von Friedrich Dürrenmatt mit Lore Tappe und Heinrich Schmidt in der Spielzeit 1977/78, Regie: Barbara Abend

Michalk rät er: Du mußt immer das Gänseblümchen unter dem großen Haufen Scheiße suchen. Beim Vorsprechen sagte er den Direktoren, man muß auch ein paar hübsche „Mirzel“ für das Auge des Publikums engagieren. Und er freut sich diebisch schon am Tage vor auf den Augenblick, wo er abends seinem Kollegen zu dessen atemloser Verblüffung einen Satz stiehlt. Ihn stiehlt der Tod acht Monate vor seinem 70. Geburtstag.

Die Schauspielkunst gedeiht nicht nur an berühmten Rollen, an denen manchmal gar nicht. Sie kommt auch in Kittelschürze und Arbeitshose daher. In „Jacke wie Hose“ von Manfred Karge nach Brechts Erzählung „Der Arbeitsplatz“. Eine Frau schlüpft in die Rolle ihres verstorbenen Mannes, um in der Weltwirtschaftskrise dessen Arbeitsplatz für sich zu retten. Den Geschlechtertausch nicht als Show-Kitzel, die Verleugnung der Identität als Existenzkampf inszeniert Rudolf Koloc mit Lore Tappe. Ein Solo, das nicht verblaßt ist. Das Anlegen der Männerkleidung, die Widrigkeit zwischen Hosenträger und Brust wird zur witzigen Pantomime, der Spaß aber zum schlimmen Ernst: Ihre Weiblichkeit verliert sie mit einem plötzlichen Erstarren des Körpers, das Hineingerissenwerden ins Unvorhersehbare signalisieren ihre Hände, die den Kopf wie zum Schutz umfassen, und ein aufgerissener Mund. Eine Figur, wie sie die Expressionisten gemalt haben. Zum kreatürlichen Schrei wird die Gefahr, vom Arzt enttarnt zu werden. Wenn sie sich herausgewunden hat, ein Lachen aus voller Brust.

Überhaupt der Brustton der Tappe: ein aufgerauhter Alt, der auf Zwischentönen spielen und bedrohlich leise sein kann.

Nie hat sie Traumrollen gespielt, keine Luise, keine Julia. Aber eine Klytaimnestra, die zum Alptraum wird: eine sinnliche Königin, die den Rock schürzt, die sich erbricht, wenn sie die Opferung ihrer Tochter zum Kotzen findet, die den heimkehrenden Agamemnon samt Kassandra mit männlicher Rigorosität tötet im Wahn, das Schlachten mit Schlachten enden zu können. Schier ein Traum dann und glückliche Realität: Tappes Klytaimnestra-Monologe werden bei einer Antike-Werkstatt in Delphi gefeiert. Da ist ihre Flugangst schon ein wenig reduziert. Eine Wahrsagerin hat ihr einst prophezeit, bei ihrem ersten Flug würde die Maschine abstürzen. Die netten Kollegen sagen ihr vor einem Auslandsgastspiel: Lore, du fliegst eine Maschine vorher.

Was wäre das Theater ohne die Späße hinter den Kulissen? Ihm gelänge nicht der Ernst, den es besonders in den Komödien nötig hat. Etwa in Patrick Süskinds Solo „Der Kontrabaß". Eine Textpartitur für Ekkehard Hahn. Er wiegt fast unmerklich den Kopf, die Hände dirigieren quasi unbewußt, seine Augen strahlen bei einem Stückchen Brahms-Sinfonie: Hören Sie die Bässe? Stolz für einen Moment: Ohne Kontrabaß geht es in keinem Orchester, ohne Dirigent geht es, verkündet er selbstsicher. Tiefer Atemzug. Um kurz danach mit sich, seinem Instrument und der Welt uneins zu werden. Vergrämtsein, Bosheit, Verzweiflung wie in Läufen von Achtelnoten, Lächeln, Ach-Gott-Miene, Biertrinken als Generalpausen. Zwischen Am-liebsten-Zerhacken und sexuellem Streicheln pendelt sein Baß-Gefühl, zwischen Selbstanalyse und Menschenschelte sein Verstand. Eine Bravourarie der Haßliebe zu dem musikalischen Ungetüm und über die unerfüllte

Ekkehard Hahn in Patrick Süskinds Solo „Der Kontrabaß" in der Spielzeit 1990/91, Inszenierung: Norbert Schnell

Neigung zu einer Sängerin. Von Flageolett-Tönen dabei nicht nur reden, sie auch spielen zu müssen macht ihn nicht verlegen. Musikalität gehört zu seiner Gestimmtheit als Schauspieler, und wenn er auch den Egmont gespielt hat, einen eindrucksstarken „Handlungsreisenden“ von Miller, der Klassiker ist er nicht. Im besten, umfassenden Sinne ist er der Entertainer, wie es neudeutsch heißt. Er ist der Alleskönner, ständiger Grenzgänger über die Genres und Idiome. Ein Urvieh auf dem Dialektklavier. Darauf huscht er Rhapsodien hin bei Karl-Valentin-Abenden, verheddert die Gedankenketten, verteilt Satzzeichen mit der Streusandbüchse der Betonung, schließt Verlegenheitsblicke, verzieht die Mundwinkel aus Hohn und Spott, wenn er Zwangsvorstellungen für Theater fordert. Und plötzlich aus all dem Jux blickt der geschundene Mensch, der blutige Witz, den Brecht bei Valentin gefunden hat.

Im Blödsinn die Verzweiflung, im Clown das arme Schwein zu offenbaren, das gelingt nur, wenn Menschliches durchschaut statt nur gekaspert wird in der Komödie. „Kunst ist schön, macht aber viel Arbeit“, wissen wir wohl nicht erst seit Valentin.

„Res severa est verum gaudium“, hat der römische Dichter und Philosoph Seneca in seinem Umkehrspruch gesagt: Es ist eine ernste Sache um die wahre Freude, wie die wahre Freude eine ernste Sache ist. Was auf dem Theater auch bedeutet, jede Rolle neu zu schöpfen aus der Individualität des Darstellers. Die Ängste wie die Lust des Lebens erfährt er vielleicht reicher, weil er sie in immer anderen Figuren miterleben muß. Nichts ist langweiliger als ein König, der so daherschreitet, daß man ihn nur in ein anderes Kostüm stecken muß, um von Shakespeare zu Schiller zu kommen.

Nichts öder, in einer Julia nur ein gutgewachsen zartes Mädchen mit sanftem Wesen zu erwarten. Verblüffend, wie Nadja Engel im Marstall solches Vorbild enttäuscht. Ihre kleine Figur sprüht Vitalität, ihre Haltung spricht oft deutlicher als ihr Mund, ihre Poesie ist ohne Zuckerguß. Sie bewegt sich im Zwischenstadium von noch kindlicher Unbefangenheit und schon fraulicher Kühnheit. Ihre selbstbewußten Schritte vom Objekt elterlichen Wollens zum Subjekt eigenen Willens kommen nicht aus träumerischer Pose, sondern mit Sensibilität aus der Wachheit, auch der Übermütigkeit ihrer Sinne. In Innigkeit, Freude, Schmerz gerafftes Leben.

Alle Konvention, daß ihre Amme eine schlichte Behüterin ist, sprengt auch Barbara Bachmann in dieser Aufführung. Hier Kumpanin, da listige Anwältin, spielt sie aus ihrer Wachheit, sozusagen mit der Julia ein Stück Leben durch, das sie selbst gern gehabt hätte. Welche Spanne von dieser italienischen Mamma zur Hekabe in „Troerinnen". Ein weidwundes Muttertier jetzt: verlorener Stand, Wut, Wahn mischen sich. Im Dreck der Niederlage glimmen noch Größe und Würde der Frau, die den Siegern die Demut verweigert.

Wie feinnervig die Kassandra, die Bärbel Röhl zeichnet in Antike-Entdeckungen. Eine Figur, wie sie bei Christa Wolf beschrieben ist: empfindsame Seherin der Wirklichkeit. Kein mystischer Blick ins Leere, eher Selbstbesinnung prägen ihre Züge, ein kaum wahrnehmbares Lächeln des Wissens. Oder Ul-

Antike-Entdeckungen in der Spielzeit 1982/83:
Ulrike Krumbiegel als Iphigenie (Euripides/Schiller)

rike Krumbiegel als „Yerma“ von Federico Garcia Lorca. Sie hat noch studiert, als sie zuerst Aufmerksamkeit als Lessings Minna erregt. Eine junge Schauspielerin ist dann fähig, eine fremde Konvention und lebensfeindlichen Ehrbegriff in der Gestalt einer spanischen Bäuerin nahezubringen, als sei es eigene Erfahrung: Schicht für Schicht die Verkrustung der Frau, die ihren Mann tötet, der ihr das Frausein verwehrt. Axel Werner in Wolfgang Borcherts „Draußen vor der Tür“: Im Aufwind der Verdrängung nach dem Krieg taucht er auf als unangenehmes

Fossil des Gewissens. Müde, tastend, elend, aber keine Mitleidsfigur, sondern der Unteroffizier außer Dienst auch ein Mensch außer Dienst.

In solchen Stunden der Schauspieler ist in vergangenen Geschichten zu spüren, was Heiner Müller so sagt: Die Wirklichkeit des Dramas, das Theater, ist immer Gegenwart. Die Raumzeit der Kunst ist zwischen der Zeit des Subjekts und der Geschichte.

Gewiß aber gehören zum heiligen Ernst des Theaters nicht nur Zeitimpulse, auf der Bühne gibt es auch Moden. Mal diese, mal jene letzten Schreie. Meistens ist alles gar nicht so wahnsinnig neu, wie es tut. Der Musikkritiker, und nicht nur er, schüttelt sich schon in den sechziger Jahren empört, wenn im Schauspiel auf der Bühne gepinkelt wird, auf der Bühne des Staatstheaters! Gert Jurgons verpaßt einem Shakespeare-König ein Nachthemd mit gelben Flecken, da weiß der Klassik-Zertrümmerer Frank Castorf noch gar nicht, wo in Berlin die Volksbühne steht, und nackte Männer in einem Jugendstück läßt hier vor Zeiten schon eine Regisseurin, so ist es, wenigstens am Bühnenrand hüpfen.

Herbert Köllner, dessen Radius in Schwerin vom Philipp über den Götz, Faust und Tell bis zum Nathan reicht, liest zu seinem 50. Bühnenjubiläum 1959 aus den Versen seiner Mußestunden: „Meist wird verspottet, wer der Mode frönt, bis man sich an die Mode hat gewöhnt. Der Spötter, das scheint mir hinlänglich klar, richtet sich ebenfalls nach der Mode. Nur nach der Mode vom vergangenen Jahr.“ Köllner ist einer, der auf der Bühne bestätigt: Ergrautsein ist nicht Alter, es ist Reife. Einem guten Schauspieler nimmt man fast jedes Alter ab, sogar jede Mode, wenn sein Geist jung bleibt. Keine Mode, aber eine häufige Bühnenbildpraxis sind in den sechziger Jahren Projektionen, und Kurt Froese macht sie mit seinem malerischen Impetus zum wesentlichen Inszenierungselement. Schade, daß die Maler der Bühne so fern bleiben.

Wo endlich bleibt die Oper in Schwerin, wo die Musik? Der Schauspielkritiker nähert sich ihnen vorsichtig über das Ballett. Frühjahr 1960, „Carmina burana". Es ist die letzte Spielzeit von Kurt Masur. 1958 kommt er von der Dresdner Philharmonie. Er fährt mit einem gelben DKW-F-7-Cabrio ein, um mit 31 Jahren und einem außerordentlichen musikantischen Temperament seine erste Chefposition zu übernehmen. Zwei Jahre vibrieren Oper und Konzert. Jubel, wenn Hanne-Lore Kuhse singt und Masur dirigiert. Neben „Turandot" und „Boris Godunow" selten gehörte Werke wie „Romeo und Julia" von Sutermeister oder Janaceks „Aus einem Totenhaus", erstmals für die DDR. Ingeborg Nerius ist eine glänzende Eboli in „Don Carlos". Ergriffenheit bei Bruckner, Brahms und Beethovens Neunter. Ein Feuerwerk, die Schelmenweise „Till Eulenspiegels lustige Streiche" von Richard Strauss. Das hat alles Feuer der Jugend, aber da klingt schon mehr als spontane Emotion. Hier beginnt statt des puren Effekts das musikalische Ethos, das Masur zum Gewandhauskapellmeister in Leipzig und zum Chef der New-Yorker Philharmoniker werden läßt und ihn rund um die Welt führt. Zum 425jährigen Jubiläum der Staatskapelle 1988 erst wird er wiederkommen und auch mit dem „Eulenspiegel" das Orchester hochreißen. Sein Musizieren bewirkt: Man fühlt sich nicht im

Nach der Aufführung von „Till Eulenspiegels lustige Streiche“ von Richard Strauss, geleitet von Kurt Masur in einem Konzert zum 425jährigen Bestehen der Mecklenburgischen Staatskapelle 1988

Staunen über musikalisches Design klein werden, man wird größer im Inneren, durch die Berührung mit dem Geist des Komponisten, den er imaginiert.

Einmal lädt Masur ein paar junge Leute nach Hause zum Essen ein, es ist noch etwas vorzubereiten, derweil erklingt Strauss' „Tod und Verklärung" vom Band, bei einem seiner Gastspiele aufgenommen. Der Hunger ist vergessen. Gegessen wird Stunden später.

Gegessen wird seinerzeit oft bei „Heitmann" um die Theaterecke, wo Frau Muhs köstliche Suppen kocht. Die Kuhse bestellt bei Kellner Schlichting, dem leicht gebeugten Original mit wedelnder Serviette, vorzugsweise Krebssüppchen, auch zwei, und ihr Mann, der kein Sänger ist, erzählt: Letztens haben wir in Köln die Isolde gesungen. Übrigens, wenn es am Theater die Kuhse heißt, ist das keine Respektlosigkeit, es ist ein künstlerischer Rang.

Stichwort respektlos, Streiche gibt es immer: Operndirektor Erwin Bugge probiert „Turandot", der gerade noch berühmte Tenor Helge Rosvaenge gibt ein Gastspiel als Kalaf. Regie-Assistent Klaus Harnisch lädt seinen Freund Werner Enders von der Komischen Oper Berlin, später gefeierter König Bobéche in Walter Felsensteins Inszenierung von „Ritter Blaubart", grandioser „Schwejk" auch, ein, bißchen bei Ping, Pang, Pong mitzusingen. Rosvaenge gilt den Jungen als vorüber. Jugend sucht immer ihresgleichen. Es wird ein Empfangskomitee gebildet, das Enders im Auto am Stadtrand mit allerlei Gaudium erwartet und zum Theater geleitet, als sei er Prinz Kalaf. Warten müssen derweil

Masur und Rosvaenge mit dem Probenbeginn. Doch nicht mal einen Theaterkrach gibt es.

Aber es gibt die Theaterklause, kaum 50 Meter schräg hinterm Bühneneingang, heute ein Parkplatz. Mutter Neckel kocht, Tochter Rosi schreibt an, Buffo Günter Fritzsche singt Benefiz für neue Kleiderhaken, Bootsbauer „Uhl“ Hacker sitzt auf der Ofenbank, steht von Zeit zu Zeit auf und ruft: „Hoch lebe die schwarze Flagge am Mast“, beim nächsten Mal: „Rosi, du bist ja verstoppt“, setzt sich, schweigt lange in seinen Korn. Am Stammtisch frotzeln sich Harnisch und der Kritiker. Klar, wegen einer „als Tänzerin erschienst du mir ..., seitdem trag ich die Schmerzen der Liebe tief im Herzen“, Schaamerzen der Laa-iiibe, wie ein Tenor singt. „Rigoletto“, dritter Akt, vierte Szene, der Beginn des Schlager-Quartetts „Bella figlia dell'amore“. Schöne Stelle zum Mitsingen. Der Flachs wird zur Forderung, Harnisch rennt in die Waffenkammer des Theaters und holt zwei Rapiere. Zwei Dilettanten fechten spaßhaft vor der Klause, zwei Polizisten kommen um die Ecke, die Duellanten fliehen an ihren Klausentisch. Die Staatsmacht folgt und verlangt von jedem fünf Mark. Warum? Wegen groben Unfugs, lautet die Begründung. Fünf Mark, das ist damals nicht nur ein Bier.

Wie nahe darf ein Kritiker den Theaterleuten kommen?

Er muß wissen, wie Theater entsteht, etwas vom Klima kennen. Er kann sein Bier aber nur mit dem trinken, der eine veröffentlichte Meinung aushält. Hansjoachim Büttner zur Hellberg-Zeit hält sie nicht aus. Er ist Ruhm vom Defa-Film gewohnt. Auf der Bühne allerdings ist er von etwas abgestandener Schule. Der

Kritiker lehnt das ab. Büttner verlangt eine Aussprache, der Schreiber zeigt sich ungerührt. So schreibt Büttner an Senior Schumacher: „Ich bin nicht nach Schwerin gekommen, um Manfred Zelt Gelegenheit zu geben, sich durch auffällig negative Zeitungskritiken über mich einen Namen zu machen." Er ist sogar verbittert, wenn er nicht erwähnt wird, oder gerade deswegen.

Halt, wie man sich doch verplaudert, von Ballett sollte die Rede sein, mit dem Generalmusikdirektor am Pult, das ist schon des Merkens würdig. Masur bringt aus Tallinn Eino Tambergs Sinfonie „Jugend" mit für das Ballett. Die Choreographin Wiga Schade veranschaulicht daran konfliktreiches Lebensgefühl, das ist noch nicht selbstverständlich damals. Dann also Carl Orffs „Carmina burana". Im Verein mit dem von Andreas Pieske wohlgestimmten Chor, den Solisten Irmgard Boas, Hans Ziehnert und Dietrich Musch und einem inspirierten Masur am Pult schöpft sie aus dem elektrisierenden Rhythmus als Höhepunkt des Abends erregende Tanzepisoden voller Sinnlichkeit. Eine ursprüngliche Offenbarung.

Noch lange wird niemand daran denken, das Werk zum Mega-Multimedia-Spektakel auf den Profitbühnen der Welt zu verramschen. „O Fortuna" - welch ein Glück auch für die Tänzer: Marianne Böning, die noch viele Jahre Schwerins Ballett profilieren wird als Solistin und Meisterin, Wolfgang Edel, der ein grotesker Komiker ist in der Schenke, Irmgard Kaul, die im „Cour d'amour" die lyrische Rolle wohl mit einem ganz individuellen Gefühl erfüllt. Doch es dauert noch einige Schmerzen auch aus Liebe, bis sie Masurs Frau wird, die tragisch ums Leben kommt, als seine Karriere im Gewandhaus gerade beginnt.

Ballett bleibt eine Attraktion sogar mit Gegenwartsmusik. Es gibt die „Neue Odyssee“, das Odysseus-Thema in Albert Burkats Libretto mit der Komposition von Victor Bruns ins Nachkriegsdeutschland an die Ostsee versetzt. Vom heimischen Komponisten Dieter Nowka wird die „Bauernlegende“ uraufgeführt. Schwerin ist Anziehungspunkt für das Ballett der Berliner Staatsoper mit dem hochklassischen „Schwanensee“, dabei ist Meistertänzer Claus Schulz, ein geborener Rostocker, der als Eleve in Schwerin mit einem Sturz auf der Bühne begonnen haben soll.

Mitte der sechziger Jahre wird das Gastspiel der Essener Folkwang-Truppe mit dem berühmten „Grünen Tisch“ von Kurt Joos gefeiert. Bei der Jugend schlägt es ein, die Konservativen sind schockiert, als Maurice Béjart mit dem „Ballett des XX. Jahrhunderts“ aus Brüssel Strawinskys „Sacre du printemps“ zeigt. Mitte der siebziger Jahre geben Eva Rheintaller, einst Tänzerin in „Carmina“, und Lothar Hanff dem Ensemble Impulse mit „Creation du monde“ nach der zeichnerischen Welterschaffung von Jean Effel oder mit ihrem anspruchsvollen Stück „Wieviel Erde braucht der Mensch?“ nach Tolstoi. Solotänzerin Sigrid Pieper beeindruckt als Strawinskys „Feuervogel“. Ende der achtziger Jahre bringt Ballettchef Udo Wandtke erneut „Carmina“ heraus. In seinen Choreographien erreicht junge Tanzästhetik das Haus, nicht in jedem Falle schon jenes Publikum, das vom Ballett bloß etwas Schönes, nur etwas Reines sehen will. Verlassen wir die heimliche Liebe. Als Walter Felsenstein Masur an die Komische Oper Berlin ruft, kommt der junge Heinz Fricke

Klaus Tennstedt bei einer Orchesterprobe in den sechziger Jahren

mit Leipziger Erfahrung. „Kumpel Heinz", wie ihn manche wegen seiner Zugänglichkeit lax nennen, knüpft mit „Tristan und Isolde", gesungen von Hanne-Lore Kuhse und Ferdinand Bürgmann als Gästen, bestens an die lange Wagner-Tradition des Theaters an. Er dirigiert auch den raren „Falstaff" von Verdi, mit Hans Stendel in der Titelpartie.

Dann aber hinterläßt die Mauer Lücken, zumindest an der Berliner Staatsoper, Fricke wird dort zum Geschäftsführenden General berufen, wird ein gefragter Operndirigent bis heute in Washington. Jetzt kommen sieben Jahre, in denen Klaus Tennstedt mit Arbeitswut und dem Drang nach Perfektion die Qualität von

Hartmut Haenchen in den siebziger Jahren

Oper und Orchester vorantreibt, wildbewegt. Der Taktstock kann ihm dabei aus den Händen geraten, aber keine musikalische Schlamperei geht ihm durch. Auffällig sein Engagement für die Musik des 20. Jahrhunderts. Er bringt die DDR-Erstaufführungen der Opern „Penelope“ von Rolf Liebermann, „Cardillac“ von Paul Hindemith und „Dantons Tod“ von Gottfried von Einem heraus, auch „Katerina Ismailowa“ von Schostakowitsch, der „Cardillac“ ist der Gipfel. Wenn zum 400jährigen Jubiläum der Kapelle 1963 Paul Dessau seine „Bach-Variationen für großes Orchester“ für Schwerin komponiert, ist diese Widmung auch eine Würdigung für den Rang des Klangkörpers. Es wird eine

Uraufführung mit Bravour. Tennstedt ist kein Musiker für bürokratische Riten oder sonstige Rücksichten, seine Unbequemlichkeit führt 1969 zum Eklat mit der Kapelle. Noch hat er einen Gastspiel-Reisepaß, über Schweden kommt er in Kiel an, später in Amerika groß heraus und wird Chef bei den Londoner Philharmonikern. Er gehört sozusagen der Welt-Liga an. Nur Krankheit kann ihn zur Aufgabe musikalischer Leidenschaft zwingen. Wer seine Aufnahmen von Mahler-Sinfonien hört oder „Also sprach Zarathustra" von Strauss, ermißt den Verlust durch seinen Tod am 12. Januar 1998.

Nach Tennstedt kommt nichts Nennenswertes, bis 1976 der Dresdner Hartmut Haenchen kommt. Er war im Kreuzchor, in Meisterkursen von Karajan, hospitierte in Bayreuth. Er bringt hohe musikalische Sensibilität mit und überträgt sie auf Orchester und Sänger bei einer „Zauberflöte" oder einem konzertanten „Parsifal". Seine Kompetenz auch für die Musik Johann Sebastian Bachs und dessen Sohns Philipp Emanuel hat Wurzeln in Schweriner Aufführungen, darunter der Uraufführung von Friedrich Schenkers „Sonate für J. S. B.". Ein Werk aus dem Musikneuland. Da bedarf es nicht nur traditioneller Instrumente. In der Generalprobe ist aber ein Wecker zu hören, der nun doch nicht in der Partitur steht. Haenchen schäumt. Der Störenfried wird in einer Loge, der Täter niemals gefunden. Bei einem Orchesterfest ersteigert der Dirigent das Corpus delicti.

Haenchen ist eine große Hoffnung der Musikfreunde. Die Intendanz hätte ihn noch einige Zeit halten können und müssen im Interesse des Niveaus. An der Komischen Oper Berlin ist er schon Gast, als Chef an die Oper in Amsterdam wäre er immer noch gekommen. Der Krach mit ihm erscheint als kleinkariertes politisches Kalkül und Fehlentscheidung gegen die Kunst. Auch wenn es nach 1979 mit „Rheingold“ und „Walküre“ in der Inszenierung von Detlev Rogge noch einen mutigen Ansatz zu Wagners „Ring“ gibt, den „Einstein“ von Paul Dessau, die DDR-Erstaufführung von Wolfgang Rihms „Jakob Lenz“ vom hochbegabten Regisseur Jürgen König, mit Haenchen endet vorerst das Gleichgewicht von Musiktheater und Schauspiel.

Schroth ist an der Übermacht.

Die Staatskapelle aber bleibt ein Juwel. Nicht bei jedem Konzert funkelt es. Doch wenn ihm einer wie der Rumäne Horia Andreecsu Schliff gibt, gehen die Klang-Lichter an, wird nach einer alten Redensart „auf der Stuhlkante“ gespielt.

Wie verhält sich ein Thüringer zur Fritz-Reuter-Bühne? Würde seine Schweriner Freundin-Frau ihn nicht aufklären, hielte er Plattdeutsch vielleicht für Holländisch. So aber nähert er sich dem handfesten Ensemble sozusagen Sprachbrocken für Sprachbrocken: Wat möt, dat möt, auch wenn es kein „Moët et Chandon“ ist, den lernen wir sowieso erst viele Klassen später kennen. Mitunter also traut er sich in eine Vorstellung. Auf ein paar Umwegen lernt er: Vor einem Platt-Schwank soll man sich nicht aufs hohe Kunst-Roß setzen. Ekhof hat auch mit dieser Zunge gespielt, und als ihn die Souffleuse mal hängen ließ, hat er sie lauthals platt beschimpft. Das ist überhaupt ein wirkungsvoller alter Gag der Mimen: sich bei einem Hänger ganz ungeniert an den Kasten zu wenden und sich den Text zu holen.

„Kein Hüsung" von Fritz Reuter
in einer szenischen Fassung von Rudolf Korf
in der Spielzeit 1973/74 mit Anke Neumann und Rudolf Korf

Weil es das Publikum so erheitert, wird das mitunter sogar inszeniert. Traue keiner Panne auf dem Theater. Es sei denn, du siehst Rudi Frickau, im „Wallenstein“ als Kammerdiener gerade erstochen, aufstehen und beherzt einen entflammten Gazevorhang mit der Hand löschen. Oder ausgerechnet in „Feuerwerk“ beginnt die Perücke von Gerd Alverdes zu brennen und Ekkehard Hahn reißt sie ihm vom Kopf. Das ist immer echt. Als komischen Effekt würde es die Feuerwehr nicht zulassen. Eher schon dreht sie, wenn es nur eine Übung sein soll, die Regenanlage auf den Befehl hin „Bühne Wasser Marsch“ tatsächlich auf, und eine Probe zur „Dreigroschenoper“ ersäuft. Ziemlich feucht simuliert. Schon wieder galoppieren die Geschichten. Das kann ich nicht ab, wird der Norddeutsche sagen.

Reuter-Bühne also. Es heißt, sich selbst - wie schreibt man das jetzt richtig? - zum Doesbüdel machen, mißt man sie an Shakespeare. Obschon man, seien wir ehrlich, Thisbes Liebesszene mit Pyramus, getrennt durch die Mauer, im „Sommernachtstraum“ auch nicht viel anders spielt als „Oma hett ’n lütten Tick“. Niederdeutsches Theater hat zu tun mit der sprichwörtlichen Bauernschläue, mit dem Volkswitz, der im Norden von so trockener Art ist, daß er des Köms bedarf, allemal aber zu tun hat mit dem Humor zwischen den Oberen und den Unteren, den Alten und den Jungen. Es ist jedoch nicht „Ümmer Arger mit denn’ Döst“, wo man prusten und in Biertischstimmung kommen kann; und warum auch nicht mal im alkoholfreien Raum? Das Ensemble beweist 1973 durch Anke Neumann und Rudolf Korf mit „Kein Hüsung“ vom Namenspatron der Bühne, daß dieses handfeste Unterhaltungstheater nicht nur fidel sein kann. Statt die Lachtränen fließen zu lassen, vermag es auch mal nahe am Wasser der Rührung zu bauen. So ist auch „Bahnmeester Dood“ von Hermann Boßdorf ein Ausflug in den Ernst des Lebens nach dem Köm. Aber, um eine Wendung nachzuahmen: Das muß eins nicht vorhalten. Von der Natur des Sprechgestus her ist Humor, was immer man unter dem Schwammwort verstehen will, der Nährboden des einzigen Berufsensembles für Niederdeutsch in der DDR. Bevor man sich leibhaftig davon überzeugen kann, ergibt schon der Fernsehvergleich mit dem Hamburger Ohnsorg-Theater: Die Schweriner sind nicht zweite Klasse.

Auch wenn das Lachen eine gängige Theaterware ist, das Ensemble hat es schwerer als andere im Haus. Nahe an Herz und Bauch des Publikums, Favorit für Leute, deren Sprache vom Lande es Gestalt gibt, laufen viele Vorstellungen im sogenannten Abstecherbetrieb. Wie das Wort Familienbande hat auch dieses seine bittere Kehrseite. Zu den Freuden dieser Pflicht quasi auf dem Acker der Kunst kommen alle Tücken solchen späten Thespiskarrens. Und sie müssen nicht nur aus dem Koffer und auf Nudelbrettern spielen. Sie müssen, da der Fundus begrenzt ist, neue Autoren kaum auf diesem Nebengleis fahren, auch noch viele ihrer Stücke selbst produzieren. „Greif zur Feder, Kumpel“, hat das mal auf dem Bitterfeld geheißen, was allerdings nur gelernten DDR-Bürgern noch ein müdes Lächeln entlockt. Und ein Kopfschütteln, daß manchem Apparatschik Platt zeitweise zu platt, weil nicht genügend parteilich ist. Jedenfalls Rudi Reich,

Günther Kypke, Rudolf Korf, Anke Neumann, Manfred Brümmer, und irgend jemand vergißt man immer, schreiben, übersetzen, verwandeln Prosa, basteln aus Schnurren und Liedern Programme, damit die Geister von Fritz Reuter, Rudolf Tarnow, wo nicht Fru Püttelkow ut Hagenow, und John Brinckman ihre Hand halten über diese Bühne. Ganz nebenbei wird da das Niederdeutsche auch erweitert durch Anverwandlung des sich ständig ändernden hochdeutschen Gebrauchs: Kiekschapp.

Okkupiert werden selbst Vorlagen aus Sachsen oder vom tschechischen Nachbarn.

Hohe Kunst im Großen Haus, niedere auf der Reuter-Bühne, wird gelegentlich geraunt. Tünkram. Wer so unterscheidet, steckt automatisch das Publikum mit in Fächer, die es so künstlich in der Kunst gar nicht gibt, geschweige denn im Leben. Eher ist der Unterschied doch der: Nach einem über Zitronengras aromatisierten Zanderfilet mit Scampi-Püree an Estragon-Schaum giert die Zunge mal wieder nach Matjes mit Bratkartoffeln, Speck und Zwiebel. Schnöder Vergleich, doch das ist es, die Bratkartoffeln der Niederdeutschen, die munden, weiß auch der echte Thüringer Rostbratwurstesser.

Dafür sorgen am Spaßofen der Reuter-Bühne Hans Rogge, Ursula Spethmann, August Schlichting, Karl Wilcke, Jutta Breu, Elli Jessen-Somann, Günther Mevius, Hans-Jürgen Plust, einige Hochdeutsche wie Gerd Micheel sogar und Horst Rehberg sowie viele Laienspieler, jetzt wieder auch junge Leute wie Anke Moll. Und mit der neuen Direktorin Katja Mickan kommt nun Management; das Wort müßte mal niederdeutsch gemacht werden.

Und bevor wir in die Statistik geraten, hören wir jetzt auf mit Altstar Marga Heiden, die soeben erst aufgehört hat, nachdem sie doch gerade vor reichlich 60 Jahren im Schweriner Ballettsaal anfing. Volksschauspielerin, wie man so sagt. Kleines Platt-Finale mit einer Anekdote, die Ekke, der Hahn in allen Gassen, überliefert. Günter Grewolls, einer der dienstältesten Chorsänger auf deutschen Bühnen, hat Geburtstag. Marga Heiden sucht nach einer Aufmerksamkeit und findet ein seltenes Buch über Theater in ihrem Schrank. Gegriffen, Widmung rein, geschenkt als Gabe über den Bühnenpförtner. Na, wie ist das Buch, fragt Marga bei der nächsten Begegnung. Der Beschenkte wird verlegen: Ich hatte es dir vor Wochen geliehen. Das Leben erfindet doch hier und da fettere Späße als die Bühne, wenn man diese Episode inszenieren würde, sagten die Leute: Na, übertreibt mal nicht so. Keine Übertreibung allerdings ist: Wer in diesem Büchlein zu viel vermißt, beim lebenden Theaterlexikon Grewolls ist bekanntlich jede Auskunft möglich.

„Wo mag denn nur mein Christian sein, in Hamburg oder Bremen?" Eine alte Liedzeile. Im August 1989, die Flucht aus dem Lande ist ein Strom geworden, hören die Kulturwächter aus dem harmlosen Text eines lustigen Mädchens die Provokation heraus. Sie verbieten dem Schauspielensemble einen Volksliederabend. Er ist von Schroth erdacht als Nachfolge eines Programms mit FDJ-Liedern, das bei „Entdeckungen" das Publikum über alle Maßen wach macht: „Das neue Leben muß anders werden als dieses Leben, als diese Zeit." Die fast zackige Melodie aus den Aufbruchsjahren nach dem Krieg wird von Wolfgang Jahn

64 Jahre am Schweriner Theater: In dem plattdeutschen Lustspiel „Oma hett 'n lütten Tick" von Berta Waterstradt nahm Marga Heiden am 17. Juni 1998 Abschied von der Bühne. An der Wand ein Jugendfoto. Links Anke Korf-Neumann.

per Ritardando zurück zum Adagio arrangiert, ein trauriger Flötenton transponiert das einstige Dur ins Moll.

Auf der Bühne stehen Schauspieler, die mit diesen Liedern aufgewachsen sind. Vergänglichkeit ist von ihren Jugendfotos im Hintergrund abzulesen, und zu hören ist Vergeblichkeit.

Verlorene Illusionen. Anfang November dann kommen die Volkslieder doch noch auf die Bühne unter dem Titel „So haltet die Freude recht fest". Jüngere Schauspieler holen die Texte aus dem Müllcontainer, setzen sich auf Abfalleimer, lesen zögernd, probieren Töne, finden rasch zu Gesängen aus Herzeleid, Naivität, Besinnung und Fröhlichkeit. Nein, es ist nicht alles im Eimer, es ist eine Stunde, da halb Vergessenes durch die halb irre gewordene Zeit entzündet wird und elementar das Gefühl der Zuschauer hochtreibt. Die Melodien sind von Thomas Möckel aggressiv und witzig gesteigert oder zerbrechlich instrumentiert. In scheinbar fernen Strophen pulst ironisch das Befinden der Gegenwart. Bis zum Eisernen Vorhang, und der rettet im Theater am Ende der Vorstellung die Erfolgreichen vor dem blanken Verdursten, bis dahin also 25 Minuten Jubel, stehende Ovationen, Tränen auf der Bühne und im Parkett.

Es ist ein Endspiel, das seinen Anfang nimmt mit dem Projekt zum 200. Jahrestag der Französischen Revolution 1989; merkwürdiger Zufall, dieses Datum historischer Umwälzung in einem Jahr der neuen Weltveränderung. Das Vorspiel liefert der Ungar Istvan Iglodi mit „Der tolle Tag" von Beaumarchais. Keine Sonne in Sevilla. Es gießt aus dem Schnürboden. Figaro, gebeutelt von den Mächtigen und voll von kritischem Geist, steht echt und in jeder Hinsicht im Regen. Je verzweifelter er seinen Schirm öffnen will, um so defekter wird der. So beschließt er, sich auf sein Handwerk zurückzuziehen: springt einen Schritt ins Trokkene, knüpft sich seine gemütliche Hausjacke zu. Er will seine Frau und seine Ruhe. Spott auf postrevolutionäre Verspießerung. Aber wenn dann Suzanne kommt, an seinem Herzen zu horchen, steigt quer in seinem Mund eine rote Rose empor. Veit Schubert spielt mit südländischem Esprit. Am Ende des Scharmützels zwischen dem Barbier und seinem Herrn regnet es Laub im Park: Herbst für Almaviva, er geht ab mit einer Vorahnung, der Graf pfeift die Marseillaise.

Die dann in Schroths „Tell" gesummt wird vom Chor der Verschworenen beim Rütli-Eid. Der Grundton der Inszenierung. Der Edel-Hof des Vaters der Ideale, Attinghausen, erscheint als Friedhofs-Gedenkstätte. Verbotstafeln fallen sichtbar an der Zwingburg und gedanklich in der gesamten Aufführung. Sie bedient Schillers Gebot: „Leiste deinen Zeitgenossen, aber was sie bedürfen, nicht, was sie loben." Ein Klassiker, gespielt voller Unruhe. Hier sind abschließend die Schauspieltugenden von Schroths Ära versammelt. Ein Befund für unentbehrliches Theater.

Unentbehrlich? So sicher ist das bald nicht mehr.

Am Ende des Mauerfallmonats eine dramatische Abrechnung: „Die Ritter der Tafelrunde" von Christoph Hein in der Inszenierung von Martin Meltke. Vom „Tollen Tag" des Beaumarchais hat man behauptet, die aufrührerische Hochzeit des Figaro habe die Französische Revolution ausgelöst. Belegt ist: Nach dem Komödienfinale hat Robespierre den Epilog in der Wirklichkeit mit der Guillotine geschrieben. Wer weiß schon, ob das nicht Stalins Lieblingslektüre war?

Nach 200 Jahren geht in Deutschland jetzt mehr vor als ein Theaterstück, das die Verhältnisse zum Laufen bringt. as Theater aber versucht immer noch, sein Publikum zu orientieren.

Anders als zur Uraufführung im Frühjahr in Dresden, wo es listig Konterbande schürt, gewinnt Meltke Heins Stück Besinnung ab. Er forscht nach dem Punkt, wo die Suche der Ritter nach dem Gral der Ideale durch Selbsttäuschung und Selbstbespiegelung umkippt in erstarrte Mechanismen. „Du wirst viel zerstören", sagt Artus zu seinem Sohn. „Es schafft Luft zum Atmen", erwidert Mordret. Das Spiel pendelt zwischen dem Prinzip Hoffnung, das in Heins Stück lebt, und der aktuellen Situation, in der für die Ritter nicht mehr zu plädieren ist. Von der Erregung treiben die Figuren in die Lähmung.Das Bühnenbild von Ánn Schwerdtle: Zwischen Beton und Papier ein Ort des Vorübergehens. Im Raum wie im Spiel eine Art Katerstimmung bei der Inventur des Versagens. Nach einem alten Wort, o Schreck, es ist von Marx, wird ein Stück Geschichte immer zweimal beerdigt, beim zweiten Mal als Komödie. Heins Stück trägt diese Bezeichnung. „Ja, so warn's, die alten Rittersleut", intoniert der Artus-Sohn ein altes Stimmungslied.

Soweit ist das Publikum im Parkett noch nicht.

Es ist oft überhaupt nur dünn im Parkett. Um so agiler ist die Bühne, es zu halten. Ein Politiker, neu im Amt, und ein Theaterdirektor, vom Schicksal gebeutelt, diskutieren miteinander, reden aneinander vorbei, geraten gegeneinander. Eduardo de Filippos

„Kunst der Komödie“ ist ein Stück über allen Zeiten und regt ein paar verblüffend gegenwärtige Fragen an: Können Politiker vom Theater lernen, die Ehrlichkeit vielleicht oder die Gebärde nur? Kann Theater von der Politik lernen, das Täuschen womöglich, zumindest die Kaltschnäuzigkeit dabei? Gespielt wird in Ulrich Engelmanns Inszenierung ein dauernder Übergang zwischen Schein und Sein. Filippos Theaterdirektor weiß: Schauspieler oder nicht, die Tatsachen bleiben dieselben.

Jetzt ist Saison zwischen den Zeiten. Stets aber, wenn die Bretter unsicher werden, weil die Brücken der Ismen und Parolen, über die man Moral transportieren kann, schwanken, besinnt sich das Theater auf seine Urkraft, das Spiel. So ist die „Kunst der Komödie“ ein Schimmer von der Wiederkunft der Komödianten.

Tänzelnd tritt er auf, mit einer Rose in der Hand und Skepsis auf den Lippen: Wir haben es gelernt, an nichts zu glauben. Ein moderner Pierrot, der mit fast keinem Wort alles sagt. Ein kritischer Kopf, der für die Wahrheit seinen Zweifel einsetzt. Ein Geschlagener, der selber schlägt. Thorsten Merten in der „Vanek-Trilogie“ von Vaclav Havel, die Annett Wöhlert mit delikater Ironie auf die Kammerbühne bringt.

Immer wieder aber auch Versuche, das Tragische spielerisch aufzuarbeiten. Meltke bringt als Noch-DDR-Erstaufführung Ludmilla Petruschewskajas „Moskauer Chor“. Auf den Tonleitern des Enthüllens und Entsagens zeigt Lore Tappe als Heimkehrerin aus dem Lager ein so sensibles wie ergreifendes Nachsinnen über Stalinismus. Psychologische Studien in der Intimität des TiK,das wiederbelebt wird. „Ich bin schuld“ von Ed Stuhler ist ein

Kabarett „Prost Brüder!" von Peter Dehler
mit Simone Cohn-Vossen (l.) und Katrin Waldmann, gen.Seidel
in der Spielzeit 1992/93

Lehrerstück als Lehrstück, in dem das Geschehen von Herbst und Winter 89 individualisiert wird. In der behutsamen Inszenierung von Ekkehard Emig spielt Marianne Barth einen Lebensbericht als Lebensgericht, hat damit auch in Hamburg Erfolg. Ein Monodrama auch „Die Platzanweiserin" von Arnost Goldflam, eine deutsche Erstaufführung, die Tilman Gersch inszeniert. Es ist ein Stück von derVersuchung der Macht, die jemand plötzlich bekommt. Eine Hilfskraft im Kino wird befehlsgewaltig. Gretel Müller-Liebers, seit ihrer Shen Te in vielen Jahren erfahren in der lachenden wie der weinenden Maske der Bühne, Charakterdarstellerin wie Komödiantin mit Tiefsinn, spielt eine Verwandlung à la Kafka zwischen Plauderei und Schock. Das Schlimme wächst aus dem Unscheinbaren. Da vergeht einem das oft leichtfertige Lachen.

Es kommt wieder mit Peter Dehlers „Prost Brüder!" Der einstige Rockmusiker und Jungregisseur offenbart als Autor satirische Potenz: Können wir, fragt er, überhaupt eine Revolution gehabt haben, wo wir doch keine Pflastersteine hatten für Barrikaden, weil: exportiert für das richtige Geld. Seine Texte erhellen das Groteske im Alltag und die alte Phrase in der neuen Rede. Eine junge Gilde, die mit Dehler von der Berliner Ernst-Busch-Schule gekommen ist, Sigrun Fischer, Simone Cohn-Vossen, Marco Albrecht, Karsten Laske, Dirk Glodde, Thorsten Merten, sie powern mit ihrem Schwung an Mauerdurchbrüchen in den Köpfen nach hüben und drüben. Das TiK ist mit Stammtischen ausgerüstet, an denen man zur Gaudi sein Bier genießen kann. Wie zwei Darstellerinnen mehrere halbe Liter runterschlucken können, bleibt den Zuschauern ein Rätsel, sogar beim Westgastspiel. Der Witz tanzt, TiK gegen Disco. Und das lateinische Prosit, es möge nützen, es bekommt dem Theater tatsächlich wohl: „Prost Brüder!", das schäumende Vergnügen einer Selbstermutigung der Ossis, wird zur ausverkauften Serie. Zur Metapher vom Ausverkauf wird Anton Tschechows „Kirschgarten" in der

Inszenierung von Martin Meltke. Der weiße Garten kommt nur als eine Handvoll Zweige vor. Die Natur des zweiten Aktes wird geprägt von einem Misthaufen, dem schon der Autor eine beachtliche Rolle zubilligte. Der berühmte „Ton einer zersprungenen Saite", der über dem Stück schwebt, klingt nur gelegentlich an. Es gibt aber Satzmelodien mit Zwischentönen im Dialog. Meltke ist einer, der mit Flüstertheater die Schauspieler zu nachhaltigeren Befunden in den Figuren führen kann als psychologische Institute sie erbringen. Durchleuchten der Dunkelheiten, in den leisen Regungen Befürchtungen sichtbar machen. Es ist ein Spiel, das sich versteht auf das Lächeln, das einen Schmerz verdeckt. Poesie? Auf deren Klüfte lenkt die Regie das Augenmerk. Die desolate Finanzlage der Gutsbesitzerin Ranjewskaja ist wichtiger als die Sehnsüchte aller Damen oder der Zukunftsglaube des ewigen Studenten. Mit dem sozialen Drehpunkt der End- und Übergangszeit von 1904 kommt Meltke ohne Gewalt in die Gegenwart. Das allein ist schon komisch. Ein verschuldetes Gut? Null Problem, wenn man einen schönen Kirschgarten besitzt. Ein Kaufmann weiß Rat: Man holze ihn ab, teile ihn in Parzellen und verpachte sie an Sommerfrischler. Schade um den geliebten Garten? Wer statt zu rechnen träumt, bringt es in der anbrechenden Zeit zu nichts. Der Garten wird verpachtet, wird zwangsversteigert. Dann wird gefällt. Neuer Eigentümer - der Kaufmann: „Ich kenne das Geld und weiß, was es aus den Leuten macht".

Vorläufig macht es wenig Theatergänger, die sich begeistert noch solchem Nachsinnen anvertrauen, wenn die Marktwirtschaft die Axt schwingt auch außerhalb des Theaters. Lieber lachen sie in der Tollerei mit Dario Fo: „Bezahlt wird nicht“. Auf der Suche nach dem verlorenen Publikum bieten geistige Ansprüche, wie sie die junge Dramaturgin Andrea Koschwitz verteidigt, bieten das Kleist-Projekt mit der Zerstörungs-Tragödie „Penthesilea“ oder die Frage nach dem Motiv der Gewalt mit „Roberto Zucco“ von Bernard-Marie Koltès kraftvolles Theater. Doch vorläufig kollidiert es mit der Flucht des Publikums vor sozialen Konflikten.

„Ich weiß, es wird einmal ein Wunder geschehn“, singt derweil eine Frau auf dem Dachboden des TiK: „Zarah L.“, zwielichtiger Star in einem Solo von Hans Peter Ganser, inszeniert Annett Wöhlert mit Sigrun Fischer. Exemplarischer Fall der Verstrickung von Prominenz und Macht. Faszinierend, wie die Schauspielerin singt. Das erinnert daran, daß die Sängerin Erika Ewald an diesem Ort die „Lola Blau“, die traurige Geschichte einer Jüdin in der Lustwelt aufkommender Arierzeit, berührend gespielt hat. Das Wunder aber geschieht auch nicht mit Samuel Becketts „Glückliche Tage“. Lore Tappe setzt all ihr tragikomisches Vermögen ein für Winnie, die aus dem Halbgrab nur noch ein Brustbild gibt: Optimismus als Blindheit gegenüber der eigenen Ohnmacht. Derart Theater durfte hier nie gesehen werden. Kein Nachholbedarf? Man muß daran denken, was der berühmte englische Regisseur Peter Brook schon 1965 schreibt nach der Premiere von Becketts „Endspiel“ in London: „Becketts Stükke wirken auf die Zuschauer genauso wie die Situationen in diesen Stücken auf deren Gestalten. Die Zuschauer winden und krümmen sich, sie gähnen, gehen hinaus, erfinden und drucken jede nur erdenkliche Beschwerde und murren - all das ist nichts weiter als ein Mechanismus, die unbequeme Wahrheit fernzuhalten."

Nur eben, in Schwerin könnten oft nur wenige hinausgehen. Naturgemäß ist das Schauspiel näher an den Verlusten, es ist anstrengender. Der Beckett-Versuch wird abgebrochen. Versucht wird es zum Spielzeitauftakt 1991 mit Freibier und warmen Würstchen. Armes Würstchen Kunst? Tags ziehen Komödianten wie ihre Urahnen durch die Stadt, abends ein Fest im Theater. „Warum sind die Theater so leer?", räsoniert Ekkehard Hahn von der alten Garde in Erinnerung an die Valentin-Abende und fordert „Zwangsvorstellungen". „Frag ich mein beklommen Herz", singt die junge Anke-Christine Markert mit Rossini und spricht dem Ensemble wohl aus demselben. Der neue Intendant Mario Krüger, gern in der Pose „Mario der Zauberer", spielt in Leopold Mozarts Kindersinfonie den Kuckuck, sein Verwaltungsdirektor Joachim Kümmritz rührt die Trommel. Kein Schelm, wer Kasse dabei denkt. Bühne dann frei fürs Volk, fürs normale wie fürs betuchte. Tanzen, schwatzen, essen, trinken, Sponsoren, an das Wort wird man sich gewöhnen müssen, machen's möglich. „Schwer ist's einen Staat regieren, zehnmal schwerer ein Theater", heißt es. Gewissermaßen auch deshalb spielt das Theater seinem Publikum einen Ball zu. Zunehmend sogar Hamburger nehmen ihn auf.

Erste Treffer liegen in der Luft. Peter Dehler ruft zum dritten Male „Prost Brüder!", und es klingt schärfer: „Der Westen macht das große Geld, der Osten macht die Pleiten". Unappetitliches beim Biere: Fremdenhaß und betrügerischer Handel, Borniertheit des Stammtisches, Arroganz des Westverwandten, neue Dirnenfreiheit und alte Bürgersattheit, falsche Demut und echte Unverschämtheit. Respektlos setzt Dehler sein Gedankenmesser an und zieht die bunten, glänzenden Häute ab, unter denen Dummheit und Gefühlskälte wuchern. Die eingespielte Truppe als kabarettistische Musketiere. Das Publikum reagiert zuerst in der üblichen Haltung: Auf dem Operationstisch liegen immer die anderen. Dann wird es selbst zum Patienten. Wenn ein Tourismusprofi die DDR restaurieren will, mit ihren Insassen als Attraktion für reiche Abenteuerurlauber, gerinnt das Lachen zum Erschrecken über die eigene Befindlichkeit. Wie es schon ähnlich in Goldonis „Diener zweier Herren“ vorgeht, den Meltke vor seinem resignierenden Abgang aus Schwerin zu einer gegenwärtigen Paraphrase macht: Der Diener ein Ossi, wer sonst?

Weniger begreifen lehren als ergreifen will der Tanz. Innere Bilder, Suchbilder, Sinnbilder schafft Joachim Ahne mit Ravels „Bolero“, der „Rhapsody in Blue“ von Gershwin und Strawinskys „Feuervogel“. Der „Bolero“ wird zu einem Geburtsvorgang: Im dunklen Kreis expressiver Frauengebärden liegt der Mann als helle Zelle. Er wird Macho und Objekt der Begierde. Witalij Kühne formuliert das mit dominanter Allüre, Karmen Koth bringt sanfte Unterwerfung ins Spiel, Marilène Delafosse aggressive Hingabe. In der „Rhapsody“ ist der Star ein Nichttänzer: Der Musiker Stefan Malzew spielt das Klarinettensolo mit schwarzem Glissando und agiert am Flügel wie ein Tanzinspirator und Entertainer gleichermaßen. Der „Feuervogel“ als Machtstory.

Ein Abend, der vom Aufstieg des Balletts kündet.

Das Schauspiel hält im Projekt „Große Freiheit“ mit. Die „Große Freiheit“ von Hans Albers ist es nicht. Dem Sinne nach eher die von Erich Kästner, der Freiheit in seinem gleichnamigen Gedicht am Ende klein nennt und mit einem skeptischen Vielleicht versieht.

Kern dieser Thematik und Provokation ist die Uraufführung „Glatze“ vom Hausautor Peter Dehler. Er nimmt auf, was draußen brennt. Ein Vietnamese wird ermordet, ein Einheimischer umgebracht, ein Skinhead - Ernte der Gewalt - büßt sein Leben ein. Eine Sozialarbeiterin sucht nach Gründen, ein Polizist zeigt Ohnmacht, ein Pommesbudenmann übt den Konkurrenzkampf, ein Reporter lebt von diesen Zuständen, eine Oma kauft ein Schießeisen vom Russen. Das neue Dickicht in den Städten. Hier hämmert die Ichsucht der Baals von heute. Ein Stück über Provinztheater, das ein Stück über Skins probt. Aus dem Ostgefühl ist das gewiß und nicht wenig aus dem Bauch, im Geist des Zeit-Theaters, womit Ost-Theater groß geworden ist. Dehler hält gegen den hierorts neuen Reiztaumel der Medienwelt auch mit aggressiven Songs aus harter Asphaltlyrik: Misere, Zorn, Schrei, darunter Ratlosigkeit oder Sehnsucht versteckt. Sie bringen das „alltägliche ruhmlose Theater der Straße“, wie Brecht es nennt, auf den musikalischen Siedepunkt. Die Energie dafür kommt von der heimischen Rockband „Das Auge Gottes“, die Dehler als Geschenk des Himmels sieht. Nur nach Status, nicht nach Können Amateure. Man hört scharfe Gitarrenriffs, stählerne Akkorde werden abgefeuert.

Ja, es ist Kampf, auch des Theaters um sich selbst.

Stylen wir Skins zu Helden, für wen machen wir das, fragen die Schauspieler den regieführenden Autor während der Proben. Vielleicht für die, die wie wir Angst haben. Vielleicht, antwortet Dehler auch nur fragend. Aber der Mut dieses Theaters lebt noch. In der zweiten Vorstellung bekunden Skins ihren Unmut. Im Mittelstück des Projekts wird „Das alte Land“ vom Westautor Klaus Pohl, Zeitreise zurück in den Umbruch nach dem Krieg, zum Flop. Kein schlechtes Stück, aber der Stoff ist im Osten länger gekaut als irgendwo. Überhaupt: Auch in Hoch-Zeiten bleibt das Haus von Tiefen nie verschont. Es ist ein ungewöhnliches Theater, das vom gewöhnlichen immer mal wieder eingeholt wird. Darüber kann Theater nur zur nächsten Premiere übergehen. Jetzt aber ist jede Premiere auch eine Probe. A [illegible] die Lebensfähigkeit nämlich. Am Ende der „Großen Freiheit“ [illegible]ht ein trällerndes Satyrspiel: „Wovon träumt die Welt? Ein deutsches Schlagerprogramm“. Dieses Schauspielensemble singt immer wieder hervorragend. In Thomas Möckels pointierten Arrangements schlagen neun Damen und Herren mit Stimmwitz die Schlagermarmelade der fünfziger Jahre mit derem eigenen Rezept: Überzucker. Da bleibt mitternachts kein Auge trocken, womöglich auch manches Höschen nicht. Und dann ist es im Osten angekommen: Leonard Bernsteins altehrwürdiges Musical „West Side Story“, dessen erster Arbeitstitel, Treppenwitz der Theatergeschichte, „East Side Story“ heißt. Später Beglückungs-, rechtzeitiger Kasseneifer. Zur neuen Gewaltwelle kommt die Story eben recht, und die Auge-um-Auge-Geschichte wird locker angenommen, gerade weil sie auf die Verletzungen musikalischen Balsam fließen läßt. Ein Ohrwurm-Stück, das Stefan Malzew mit der Staatskapelle zu einem musikalischen Paukenschlag macht, auch wo es piano zugeht. Ein Tanzstück, das Joachim Ahne mit seiner Choreographie zur Body-action treibt, wie man das mittlerweile nennt. Vor allem aber ein schwieriges Stück, weil es vielseitiger Künstler bedarf. Und die zaubert Regisseur Bernd Reiner Krieger alle herbei. Die Sänger tanzen und sprechen gut, wie die Tänzer gut spielen und singen, und die Schauspieler können von allem nicht weniger. Dem Ensemble gelingt, was es mehrheitlich eigentlich gar nicht gelernt hat. Das überraschende Musical-Fazit: Die East Side ist schon weit auf der West Side.

Das Theater aber ist auf der Abseite. Gleichgültig, daß es künstlerisch beginnt, aus der Depression aufzutauchen. „Wenn man das Geld sieht, steht das Theater vor dem Kollaps." Das ist der ernüchternde Satz des Generalintendanten 1992 am Ende der Spielzeit. Die Aussage ist nicht theatralisch zugespitzt, und sie gilt für absehbare Zukunft. Noch birgt das Schauspiel Nachwuchs-Elite. Doch von der Kasse her muß die Vormacht beliebig flotter Unterhaltung drohen. Das schöne alte Haus, wird es nur Touristenattraktion mit musikalischer Einlage werden? Gewiß wird niemand das Schweriner Theater schließen wollen. Eine leichtsinnige Vermutung in jenen Tagen.

Schon sind aus der Ferne die Gutachter eingefallen, für Geldsummen, die hiesigen Künstlern vergleichsweise astronomisch anmuten. Kunst wird von denen berechnet wie Käseproduktion.

Aus dessen Löchern rät der Wahnsinn: Schwerins und Rostocks Musiktheater zusammenwerfen. Fern der Kunst scheißen sie klug und düngen die Ängste. Dann kommt ein Sonntag, der ein bißchen zur Historie wird. Der 11. Oktober 1992. Eine Initiativgruppe aus dem Ensemble inszeniert eine Matinee für Erhalt und Zukunft der Struktur, ruft das Publikum auf zur Solidarität. Verbrauchtes Wort im Osten. Wird es noch einmal fruchten? Hinter der Bühne flattern die Nerven. Eine Inspizientin schaut in den Zuschauerraum. Voll bis in die letzte Reihe des dritten Rangs und besetzt auf den Stufen. Alle Sparten zeigen Sahnestückchen. Der Kritiker ist um ein Wort zwischendurch gebeten. Er wechselt die Seiten. Mit trockenem Hals und daher kratzender Stimme merkt er einmal, was Lampenfieber ist.

Ein paar Sätze von jenem Morgen: „Theater in diesen Tagen ist ein bißchen wie das Pfeifen im dunklen Walde, im Bühnenwalde, der von den Finanzsägen bedroht ist. Die Ausforster, die da ihre Instrumente schärfen, was ist ihr Motiv? Sind sie tatsächlich nur arm am Beutel? Wie krank sind sie am Herzen für das Theater, wenn es allein nach der Rentabilität schlägt. Die lachende und weinende Maske, sollen sie geliftet werden, bis dem Mimen die Mienen erstarren, am besten auf dem neuen Versuchsfeld? Es zeigt sich: Mit mangelndem Geld allein ist Theater nur halbwegs spannend, zur rechten Kunst wird es erst im Vakuum kulturpolitischen Willens. Wollen nun die Ämter Hamlet proben: Der Rest ist Schweigen? Über diesen bösen Verdacht erhaben ist selbstredend jede Strukturkommission, angeführt von Experten gewiß, gewiß von einheimischen nicht. Bühnenfremde Richter, die nur rechnen, was es kostet, nicht, was es bedeutet."

Zugegeben, zu dieser Stunde spricht auch der Zorn mit. Seine humanistische Utopie gibt man nicht so leicht her. Thomas Mann sagt einmal: „Deutschland ist mein Vaterland nicht zuletzt, vielleicht zuerst als Land des Theaters". Er verweist neben der Welttheaterstadt Berlin auf die Länderprovinzen, die „übersät sind mit wohlgebauten, trotz aller Not der Zeit ehrgeizig und versuchsfroh geführten Institutionen ... theatralischer Kunstübung". Das war 1929. Hellsichtiger Thomas, das ist über Katastrophen und Irrungen hinweg fast immer noch so. Und jetzt sollen Leute, die Mecklenburg höchstens Natur zubilligen, wie der Blinde mit der Farbe umgehen? Am Ende der Matinee vereinigen sich die Mitwirkenden zu einem Chor. Als Symbol kommt langsam der Eiserne Vorhang herunter, alle heben die Arme und stemmen sich gegen das Ende. Schauspieler, Sänger, Tänzer, Musiker, Regisseure singen aus einem Schlagerprogramm das mitreißende „Die Nacht ist nicht allein zum Schlafen da". Mit einer winzigen, treffenden Abwandlung: Die Macht ist nicht allein zum Schlafen da. Das Publikum erhebt sich. Es ist ein bißchen wie 89, Tränen auf beiden Seiten, und es schämt sich keiner.

Mancher Amtsinhaber ist erst gar nicht erschienen. Ein Staatssekretär, der Beobachter in einer Loge, geht unauffällig ab. Masur, in diesen Tagen gerade zum Konzert in der Nachbarschaft in Hamburg, sagt, als er von Schwerin hört: „Geld fehlt immer, auch in New York, das ist kein Grund, künstlerische Profile und den Willen aufzugeben. Was ließe sich in dieser naturgesegneten Stadt nicht alles machen bis zum Freilichttheater, das alles muß verteidigt werden." Als sechs Jahre später immer noch und zum ungezählten Male diskutiert wird, ob dieses Theater nötig ist, fragt der Schriftsteller Jürgen Borchert die Politiker in der Runde: Erinnern Sie sich an jenen Sonntagmorgen im Theater? Das sei festgehalten, weil es natürlich über den Zirkel hinauszielt. Doch ebenso natürlich muß das Gedächtnis wohl kurz sein auf der politischen Bühne.

Wie kein anderes kennzeichnet jene aufregende theaterpolitische Spielzeit das „Sezuan"-Wort „ ... der Vorhang zu und alle Fragen offen". Zu macht der Intendant die Tür hinter sich. Nach kurzem Übergang und Verwirrspiel der Ämter tritt ein Triumvirat an, was kein Triumphirat bedeutet, höchstens eins werden könnte. Neben dem Geschäftsführenden Intendanten Joachim Kümmritz nehmen Dr. Ingo Waszerka, aus Hamburg kommend, als Schauspielintendant und der Schweizer Werner Saladin als Opernintendant die künstlerischen Geschicke in die Hand. Als Regisseur tritt Waszerka mit „Der gute Mensch von Sezuan" an. Gilt doch nicht nur „alle Fragen offen". Noch mehr und zuerst den Politikern gilt, wozu am Ende von Brechts Parabel das Publikum zur Suche aufgefordert wird: Ein guter Schluß „muß da sein, muß, muß, muß". Sonst aber mißtraut Waszerka jedem Kanon zu Brecht. So nimmt er sich mit dem Stück die Freiheiten, die sich Brecht mit seinen Stoffen stets genommen hat. Schon die Ouvertüre klingt heftig nach „Mahagonny". Shen Te, das gute Freudenmädchen, singt ein Lied ihrer Kollegin Nanna: „Mit 17 kam ich auf den Liebesmarkt". Aus Brechts Goldgräber-Oper

Simone Cohn-Vossen und Oliver Bäßler
in "Der gute Mensch von Sezuan" von Bertolt Brecht,
Inszenierung: Ingo Waszerka
in der Spielzeit 1992/93

wird ein Duett eingepflanzt. Die Erfahrung, daß Geld sinnlich macht, gibt die Hausbesitzerin als Song-Extra hinzu. Dafür tilgt die Regie Erklärungen. Sie will frisch und locker auf der Folie der Unterhaltung erzählen. Doch merkwürdig, ein gescheiter Regisseur und ein potentes Ensemble schaffen noch keine neuen Brecht-Entdeckungen in Schwerin. Fällt ihnen aus lauter Furcht nichts ein, wie es im Stück heißt, aus Zittern um das Theater? Der Grund ist ein interner. Die Blickwinkel und die Arbeitserfahrungen klaffen noch auseinander zwischen Ost und West. Die Schauspieler, lange haben sie mit dem Reiz gespielt, daß ihr Publikum zwischen den Zeilen hört und hinter die Gesten sieht. Jetzt müssen sie sich im Hinterkopf davon lösen und überhaupt vom Halt einer Konzeption. Waszerka gibt ihnen solche Leine nicht. Unsicherheit der künstlerischen Art hier wie da. Später sagt die Protagonistin Lore Tappe: Wir waren zuerst sauer, haben immer auf eine Erklärung gewartet. Waszerka sagt: Sie müssen Ihre Rolle mehr selbst finden. Tappe noch später: Langsam hast du gemerkt, du wirst auch als Schauspieler freier.

Innen beginnt das Zusammenraufen, außen ein farbiger Spielplan, der weltläufiger wird. Erfrischung kommt aus einer im doppelten Sinne wunderbaren Komödie, „Lapin, Lapin" von Colin Serreau. Ihre Botschaft ist: Das Lachen retten und mit ihm die Verzweiflung überwinden. Die Botschaft kommt aus dem Chaos: Sohn Jeannot von der Polizei gesucht, Tochter Marie dem Mann wegen eines Salzstreuers davongelaufen, Tochter Lucie sagt bei der Trauung nein zum Bräutigam, der Vater, dessen Lohnerhöhung dringend erwartet wird, gesteht, daß er schon einige Zeit arbeitslos ist, und der Jüngste ist aus dem Gymnasium geflogen. Da wirft sich die Mama dieses Tollhauses in die Brust und ordnet an: Das alles feiern wir jetzt. Die Mama, namens Hase, hat für alles eine Lösung. Und ihr Häschen, Hase Hase geheißen, ist kein Hase, der von nichts weiß. Er weiß alles, denn er sieht alles, auch voraus, denn er ist ein Kind aus den Äthern, von Außerirdischen mit ein wenig Neigung für diese trübe Erde.

Na, das ist doch ein Stückgriff für den wilden Osten. Ursula Karruseit, große Persönlichkeit des Berliner Theaters, selbst die Mama in der Besson-Inszenierung von „Lapin“ am noch existierenden Schiller-Theater, dirigiert das Schweriner Ensemble zu einer Burleske aus Schimpfen, Besänftigen, Lachen. Im Spiel der Gestandenen, wie Tappe, Hahn, Peters, und der Jungen, wie Fischer, Bäßler, Glodde und dem Studenten Boris Aljinovic, galoppiert der Spaß außer Rand und dennoch zu einem sinnreichen Band.

Und das Musiktheater?

Es macht sich auf den Weg, seine markante Tradition fort zusetzen. Fragen wir Saladin gewissermaßen unterwegs, am Ende eines Zwölf-Stunden-Arbeitstages. Das System des deutschen Stadttheaters, wie das Staatstheater eins ist, wird inzwischen totgesagt oder der Langweile geziehen, Subvention erzeuge Kunstbeamte, heißt es. Wenn man es weiter subventioniere, könne man auch prähistorische Höhlenzeichnungen finanzieren. Gut, nicht jeder effektvolle Vergleich kann auch noch klug sein. Saladin folgt dieser modischen Schelte nicht. „Wenn eine Stadt ihr Theater so haben will, daß man breitgefächert an das ansässige Publikum denkt und nicht elitär, dann ist dieses Mehrspartensystem nicht tot. Das ist natürlich kein Theater allein für die reisenden Kritiker oder ein paar Leute in Paris, denen man mitteilen möchte, dort oben im Norden gibt es auch modernes Theater. Unser Prinzip findet ein interessiertes Publikum bis Hamburg hin, das neugierig ist zum Beispiel auf unseren 'Rosenkavalier'. Deutschland hat ein einzigartiges System des Ensembletheaters, und es funktioniert. Was interessiert denn einen Superstar, falls er als Gast nach Schwerin käme, im Reiseprinzip wechselnder Ensembles? Das Geld, und die wirklich Großen brauchen es nicht in Schwerin zu verdienen. Die Frage ist: Für wen machen wir Theater? Meine Antwort ist: für die Menschen in der Region. Die Resonanz auf ‚Traviata', ‚Tosca' oder ‚Anatevka' zeigt, wir arbeiten nicht schlecht."

Setzen wir uns in eine „Anatevka"-Vorstellung. Er breitet seine Arme, als ginge alle Welt dazwischen. Seine Hände weisen immer wieder nach oben. Sein Blick sucht jemand im Himmel. Sein wiegend-breiter Schritt bindet ihn an die Erde. Wenn er von Reichtum träumt - „brauchte nicht zur Arbeit" -, sitzt er auf dem Ziehwagen wie ein Nabob auf einem Samt-und-Seide-Thron. Gläubiger Philosoph auf der Mistkarre im Dialog mit seinem Herrn. Und Vater Courage mit weichem Herzen, der Chuzpe und des Schmonzes voll. Wenn er singt, spricht die Seele. Auch Musical als vielsagendes Musiktheater: Günter Bruhn als Milchmann Tewje in „Anatevka". Eine Insel fast der Menschlichkeit für eine kurze Zeit. Die nächste Vertreibung kommt bestimmt. Auf dem Vorhang Chagalls Vision eines stürzenden Engels.

Hinter diesem Sinnzeichen baut Günter Altmann die Bühne wie einen Chagall in Pastell. Und Regisseur Saladin, im choreographischen Rhythmus aus wirbelnder Totale und nachdenklicher Intimität, komponiert fabelhaltige Bilder der Lebensfreude wie der Daseinstrauer. Über den Exodus aus Anatevka fällt Schnee. Gerade weil Saladin das Genre nicht überfrachtet mit der Last von Aktualitäten, findet er das heitere Gewicht der Verständigungsbotschaft. Da schwingt unaufdringlich der Geist, der in einem Chagall-Bild steckt: „Die Zeit ist ein Fluß ohne Ufer". Stefan Malzew am Pult der Staatskapelle gelingt es, an den Ur-Ton jiddischen Klezmer-Klangs zu erinnern, bei dem, wie man sagt, „alle Gebeine sprechen". Es ist nicht so selbstverständlich, daß ein Opern- und Sinfonieorchester diesen Ton auch trifft.„Das Publikum", sagt Saladin, „braucht offensichtlich dieses Theater. Vielleicht paßt Stadttheater nicht mehr in jede Stadt, nicht, wo Städte eng beieinander liegen, andere Möglichkeiten unzählig sind. Nach Schwerin paßt es bestens. Begrenzt sind wir nicht in der Kunst, begrenzt sind wir durch unsere Finanzmittel." Immer wieder muß jetzt über Geld gesprochen werden und bald mehr als über Kunst. Aus den ideologischen Zwängen ist das Haus in die Klammern des Etats geraten. Das Ensemble nimmt ab, die Qualität des Gesangs nimmt zu. Wie geht das? Saladin erläutert: „Ein Gast für eine spezielle Rolle ist billiger als ein festes Ensemblemitglied, das ich nicht auslasten kann, das nur zehnmal im Jahr singt, weil es nicht vielfältig genug einsetzbar ist. Deshalb ist unser Ensemble kleiner geworden und stärker gefordert." Jetzt ist Gelegenheit zu fragen, was mancher Außen-

*Günter Bruhn als Milchmann Tewje
in „Anatevka“ von Jerry Bock
in der Spielzeit 1992/93,
Inszenierung: Werner Saladin*

stehende denkt: Müssen es denn drei Intendanten sein, überall scheitern derart Banden, und verschlingen sie nicht viel Geld von dem wenigen? Irgendwann erklären mal alle drei: Voraussetzung ist, daß die Chemie zwischen den Personen stimmt. Saladin ist noch konkreter und nennt lächelnd eine Zahl: „Durch unsere Dreier-Intendanz sparen wir fast eine Viertelmillion an Gagen. Wenn der Opernintendant bei fünf Neuproduktionen drei selbst macht, sein eigener Operndirektor und sein eigener Oberspielleiter ist, die es auch noch geben könnte neben Gastregisseuren, dann ist das schon ziemlich preiswert. Belastet wird durch die Schweriner Lösung nicht der Etat, belastet werden die Theaterleute."

Er ist ein schnörkelloser Praktiker, erfahren als Sänger, Regisseur und Dozent von Luzern bis Zürich, Wiesbaden, Hamburg, Antwerpen und New York. Ficht den Mann über 60 die Experimentierwut der Jüngeren an? Er schaut immer noch nicht auf die Uhr. „Nicht mit Ausstattungseffekten und Technik will ich ein Stück machen, sondern mit Menschen. Auch damit kann man Denkanstöße geben. Ich möchte kein Programmheft benutzen, um eine Inszenierung erklären zu müssen. Das mag man meinetwegen konventionell nennen. Wenn man daraus gutes Handwerk erkennen kann, ist das immer modern". Franz Kafka meinte übrigens: „Die Kunst hat das Handwerk nötiger als das Handwerk die Kunst." Muß aber die „Tosca" auch in der Provinz italienisch gesungen werden? „Zustimmung und Fragezeichen verhalten sich 90 zu 10", urteilt Saladin, „Weltläufigkeit schadet keiner Landeshauptstadt." So ist es. Sonst könnte man auch

Drei Intendanten gemeinsam (1993 bis 1998):
Joachim Kümmritz (Geschäftsführung), Werner Saladin (Oper),
Dr. Ingo Waszerka (Schauspiel, v. l.)

fragen, was hat ein Landespolitiker dienstlich im Ausland zu suchen? Aber warum, um Polyhymnias willen, inszeniert der Chef den Schinken „Cardasfürstin"? Eine kurze Lach-Arie vor der Antwort: „Weil auch das zu unseren Pflichten gehört. Weil der Chef nicht die Rosinen herauspicken soll. Weil Operette schwer zu machen ist."

Ein Nebenblick auf Zahlen? Als das Jahr 1992 zu Ende geht, sind in rund 668 Vorstellungen 150 000 Zuschauer gezählt, 33 000 mehr als 1991, und mit einer durchschnittlichen Auslastung von 75 Prozent nähert sich das Haus seiner früheren Normalität an.

Und das Theater geht schwanger mit den Schweriner Schloßfestspielen im Hof des Touristen-Magnets. Waszerka kündigt für den nächsten Sommer Christopher Marlowes Renaissance-Spektakel „Dr. Faustus" an. Bevor es soweit ist, fließt viel Schauspiel

„Flüchtlingsgespräche" von Bertolt Brecht im TiK mit Horst Rehberg und Heinz Kamm (r.) in der Spielzeit 1992/93, Inszenierung: Ingo Waszerka

über die Bühnen, wer, außer Günter Grewolls, zählt die Stücke, nennt die Namen? Darunter aber eine Miniatur, die ziemlich groß, ein Wiedersehen ist und ein Vergnügen auch über rückwärtige Zeiten: Die „Flüchtlingsgespräche" von Brecht. „Der Paß ist der edelste Teil von einem Menschen. Er kommt auch nicht auf so einfache Weise zustand wie ein Mensch." Als Kalle das in den siebziger Jahren in Schwerin sagt, denkt der Zuschauer an seine unmögliche Westreise. Er denkt an Planwirtschaft und Kaufhalle, wenn es heißt: „Wo nichts am rechten Platz liegt, da ist Unordnung, wo am rechten Platz nichts liegt, da ist Ordnung." Der Insasse jenes Sozialismus, besser Sozialis-muß geschrieben, grinst, wenn Ziffel verkündet: „Alle großen Ideen scheitern an den Leuten." Ein Satz, der noch immer zum Schmunzeln ist. „Gehabte Schmerzen hab ich gern", sagt Alltagshumorist Wilhelm Busch, und daß die Leute im Theater nun schon wieder über sich selbst lachen können, ist kein geringer Fortschritt, Heinz Kamm als Kalle befördert ihn mit seinem Schwejk-Ton, als Ziffel, der Kamm früher war, jongliert Horst Rehberg traurig-brillant wie ein Gedankenclown aus Becketts sogenanntem absurden Theater.

Absurd, sinnwidrig? Was ist absurder als mitunter die Wirklichkeit läßt das Duo uns denken. Die Skatbrüder außerhalb des Theaters denken vielleicht: Alles Übertreibung, das ganze Theater wirklich nur Theater, wie der Volksmund das Wort gebraucht. Ohne die Lupe der Bühne aber über der Wirklichkeit, würden wir weniger über uns erfahren, ohne ihre Träume auch. Mensch sein ohne Zumutungen ertragen zu müssen, worüber die beiden Entwurzelten Kalle und Ziffel witzeln, gibt es ein Stück mit aktuellerer Utopie?

Das Theater im Osten, ist immer noch zu hören, trauere der hochsubventionierten Staatskultur nach, es habe die Wende nicht gemeistert. Ja, es hat in Schwerin zuerst ein bißchen versucht, eingreifendes Theater mit anderen Mitteln fortzusetzen, und dabei Niederlagen eingesteckt. Doch das Schauspiel hat sich nicht von der Kasse aus der Zeit drängen lassen, wird deshalb wieder angenommen. Wie denn, wenn die Wende das Theater nicht gemeistert hätte? Der gönnerhafte Plan, das Musiktheater zu verstümmeln, ist auch ein Angriff auf das drittälteste Orchester Deutschlands. Erst als das Publikum dagegen aufsteht, merken wenigstens einige Politiker, welche Musik hier gespielt wird. Freilich, weitere Angriffe werden folgen. Vorerst aber: Das Theater hat weniger Leute denn je, aber nicht weniger Motive. Kein Ismus, und nicht allein das Muß des Marktes ist angesagt.

Klassisches kommt der Zeit nahe, wie „Othello", der, einer Skandalgeschichte aus der bunten Presse nicht unähnlich, ein bißchen schockt, und das Zeitnahe kommt mit dem Vorsatz, den schon die Klassiker hatten: Ein bißchen moralische Anstalt darf es immer noch sein, nur bei Strafe der Überflüssigkeit keine langweilige. „Iphigenie auf Tauris" wird, das ist die Auswirkung des jugendgeilen Werbeterrors auf das Dampftheater, mit einem roten Flyer, wie das jetzt heißt, folgendermaßen empfohlen: „Kennen Sie Goethe? Diesen total altmodischen deutschen Schreiberling? Na, Sie werden staunen! Über Raub, Mord, Vergewaltigung und Asylprobleme wußte niemand besser Bescheid als er. Urteilen Sie selbst ...". Der Kritiker urteilt gar nicht so unterschiedlich. „Ohne schrille Zutaten schöpft die Regie Spannung zwischen Edelsinn und tragischer Situation. Fremdheit, Gefangensein, Verletzungen sind Signalworte. Die Aufführung verstrickt das klassische Seelendrama wie aus skeptischer Distanz ins Beziehungsnetz aus Widersprüchen unserer Tage. Ganz unaufdringlich. Wirkliche Iphigenien dringend gesucht". Immer mal wieder merken wir, nicht nur Shakespeare, viele von den Jenseitigen schreiben unsere Stücke. Da muß einem nicht unbedingt unser aller Geheimrats theatralische Sendung des „Wilhelm Meister“ einfallen: „Das Schöne muß befördert werden, denn wenige stellen's dar und viele bedürfen's“. Nein, muß nicht zwingend. Doch in der Wüste aus Entblößungs-Talk, Katastrophen-Fernsehen und Internet-Pornographie könnte das altmodische Theater eine Oase bleiben.

Eine Attraktion wird es mit den Festspielen im Schloßhof.

Das Schauspiel eröffnet sie.

Die Bibliothek fliegt aufs Pflaster. Ein kleines Büchlein aber zieht der Ausräumer unter seiner Pudelmütze hervor: Magiersprüche. Die Pauke donnert, der Synthesizer schmilzt Sphärenklänge. Der Wüterich tanzt, die Erde dampft, es blitzt, Mephisto kommt von unten. Ihr naht euch wieder, packende Gestalten. Doktor Faustus neuerlich in Schwerin. Einst agierte er hier in vierfacher Person, jetzt gibt es fünf Teufel, und die tragische Historie ist von Christopher Marlowe, phantastischer Aufbruch der Renaissance. Statt Intelligenztest aber mehr eine Prüfung für den Bauch. Waszerkas Schweriner Fassung ist ein Spektakel aus kurzer Reflexion und wuchernder Aktion, gemischt mit Zutaten von Büchner und Shakespeare sowie kabarettistischen Aktualitäten. Denkduette, Clownsspiele. Musicalsound von Thomas Möckel mit mittelalterlichen Motiven. Mit dem Faustus gibt Oliver Bäßler bravourös seinen Schweriner Abschied, ein Feuerkopf, der mit den Teufeln ringt. Staatskapelle und Ballett sind dabei, sogar Landtagspolitiker hinter hohen Fenstern haben vorher als Erdulder von Probenlärm mitgespielt. Ein paar Leuten scheint es langsam helle, Theater im Schloßhof könnte ein Standortfaktor werden. Nicht mitzuspielen bei der Premiere versucht Petrus. Befeuert aber vom Spielfieber, reißt das Ensemble den Erfolg aus dem Wasser. Weil auch das Publikum mittrotzt.

Zuvor schon hat Dehler in seinem neuen Stück „SOS" mit dem Teufel gefrühstückt. Nach dem Muster des Barocktheaters ein Rocktheater und ein Brüller: Wuihh, schreit das Publikum oder so ähnlich. Es muß mit dem Teufel zugehen, wenn es nicht vorwärts geht.

Auch Gastspiele wecken das Interesse. Jürgen Holtz, der umstrittene „Motzki"-Spieler aus dem Fernsehen, seit langem ein markanter Theatermann, gestaltet „Katarakt" von Rainald Götz, eine zweifelnde Lebensbilanz. Das Mülheimer Ensemble zeigt mit Stücken von Sophokles, Gorki und Brecht als Schocktheater des Regisseurs Roberto Ciulli bisher unbekannte Spielweisen in Schwerin. Die Verwurstung alter Stoffe zu modischem Lärm-Theater. Wer es mag, mag es mögen.

Klassiker-Aufführungen, man möchte sagen, dem Theater sei Dank, sind stets umstritten. Warum, hört man älteres Publikum immer wieder fragen, werden sie nicht gespielt, wie die Autoren sie geschrieben haben? Wer irrt, die Zuschauer, die Regisseure?

Michael Jurgons, Jahrgang 1958, dessen „Hamlet"-Inszenierung gewiß kein Bibliotheks-Theater ist, hütet sich vor einer Schwarz-weiß-Antwort: „Sicher suchen manche das pure Auffallen. Mich interessiert das nicht. Andererseits ist es legitim, mit dem Schock zu arbeiten. Auch mit dieser Negation kann man Denkanstöße erreichen. Das ist besser als Theater, das völlig unauffällig ist und deshalb weggelassen werden könnte. Wenn

Provokation eine Geschichte erzählt, die das Publikum trifft, ist sie wichtig."

Für die junge Generation ist sogar Poesie wichtig. Wie Peter Dehler, der bissige Autor, mit seiner Fassung von Henrik Ibsens dramatischem Übergedicht „Peer Gynt" beweist. Seine erste Klassikerinszenierung. Eisweißes Felsenland auf der Bühne von Ulv Jakobsen, der den Spielraum fügt aus Illusion, Abstraktion und Naturalismus. Es schneit, und Edvard Griegs verjüngter Klang liegt in der Luft als Klima. Mit rotem Hemd leuchtet der Träumer Peer, seine Mutter in Schwarz wie eine Norne wuchtig. Im Nu ist das Spiel ein Märchen, in dem die Weltreise eines Phantasten auf der Wolke beginnt und in der untersten Realität endet. Betörend singen Vögel, wenn Peer und Ingrid zwischen schroffen Felsen sich vereinen. Wenn der bärenhafte Junge einen Flug imitiert, scheint er kurz vor dem Abheben. In den Himmel schwingt Peers Arm, und die Peitsche kommt vors innere Auge, mit der er seiner Mutter letzte Fahrt kutschiert. Dehler, dem Satiriker, gelingt, fast überraschend, Lyrisches. In dieser jugendlichen Inszenierung packt ein junger Schauspieler seine Chance: ganz natürlich spielt Dirk Audehm den Gynt von der Kraftgebärde zum Verfall, seine Naivität wird Altersstarrsinn, ein Gefangener im Ich. Hier fliegt ein Akteur hoch, indem seine Figur fällt. Packende Ästhetik. Diese Leistung in Hamburg, und es wäre mehr darüber gesprochen worden.

Kein bißchen Sterben des Theaters sieht Waszerka zu dieser Zeit. Das Schauspiel unternimmt neue Entdeckungen unter der Fahne Projekt. Shakespeare und kein Ende heißt es auf der

Kammerbühne. Der Blick schießt Spott, das Lachen entblößt das Gebiß, mit Genuß kaut der Mund die höhnischen Worte. Das Grausame zuckt im Gesicht als Lust. Der Kopf fährt aus wie ein Fühler, der die Wirkung der Gemeinheiten registriert. Arme und Finger wie warnende, drohende, triumphierende Signale. Marco Albrecht als Herzog Gloster in „König Richard III.". Er ist der augenzwinkernde Regisseur eines mörderischen Reichs. Geortet von Dieter Klaß in einem rohen roten Kabinett, zu dem er die Kammerbühne verwandelt. Schiefe Ebenen, schräge Wände, hier kann nur Unheil hausen. Die Zuschauertraversen ein steiles Arena-Gerüst. Waszerka setzt im Geist des Shakespeare-Theaters auf blutigen Witz, zeigt Machtergreifung am Rand der Groteske. Das Königsdrama als Kammerspiel zum Greifen ist ein wirkungsreicher Ansatz: Die Totale entfällt, die Nahaufnahme verschärft.

Allerdings, es zeigt sich, daß man nicht aus aller Verknappung des Ensembles, die das Geld erzwingt, eine Tugend machen kann. Wie die Möglichkeiten werden auch die Grenzen des Schauspiels deutlich: Nicht jeder weibliche Prinz läßt sich als tiefsinnige Besetzung erklären. Folgt Peter Dehlers Inszenierung des großen dunklen „Macbeth" als eine Hexerei, in der wenige Darsteller als Verwandlungskünstler viele Figuren zeigen müssen.

Aber nicht immer können sieben Akteure, die im „Peer Gynt" glänzend durch die Welt kommen, auch glänzend durch dieses Drama finden.

Dennoch: Thorsten Merten spielt in der Titelrolle in vielen Facetten einen Spieler im Macht-Roulette: rechnend, fiebernd, spöttisch. Theater zum Streiten, und das gehört immer zum gu-

„Don Quichotte", Oper von Jules Massenet,
bei den Schloßfestspielen im Sommer 1994,
Inszenierung: Werner Saladin

ten. Und zu einer opulenten Saison werden die nächsten Schloßfestspiele. Buntes Volk erobert jubelnd den Hof, Bacchus schwingt den Becher hoch zu Faß, Tänzerinnen schlagen Tambourine, aus der Staatskapelle unter ihrem neuen amerikanischen Generalmusikdirektor Ivan Törzs ist dolce und doucement zu hören. Werner Saladin macht aus Jules Massenets Oper „Don Quichotte" mit rund 200 Mitwirkenden ein sinnliches Vergnügen am letzten Ritter, der den Zustand der Welt als bitter empfindet. Ulrich Hielscher ein Quichotte mit strömender Stimme und himmelreichenden Posen, Rudolf Kostas ein so drolliger wie treuer Sancho Pansa. Wieder kann ein asozialer Sommer die Begeisterung des Publikums nicht kühlen.

Neben der tragikomischen Operngaudi dann Weltblicke durch ein Europäisches Festival, das mit experimentellen Formen, Gesang, Tanz, Pantomime und Jazz ein Spektrum zeitgemäßer Darstellungen leuchten läßt auf den Bühnen des Theaters, im Marstall und auf einer Wiese dahinter, im Dom und auch in einer verlassenen Russenkaserne.

Manche Theaterarbeit nach 1989 gleicht dem Pfeifen, mit dem man sich über Ängste hinwegsetzt, obschon, Pfeifen im Arbeitsbereich des Theaters ist streng verpönt, es könnte nach dem Aberglauben, von dem nicht wenig haust im sogenannten Bau, es könnte als Echo das Pfeifen der Zuschauer herausfordern. Eine Regel der Vorfahren noch, denn Pfeifen kann längst als fantypisch gesteigerter Beifall gelten. Nach der Periode des Sich-selbst-Mut-Machens kommt ein Akt des Selbstbewußtseins mit dem Unternehmen Europäisches Festival. Ein Wagnis auch. Europäisches Publikum wird kaum anreisen. „Wagnis vielleicht", sagt Waszerka, „aber man muß immer etwas wagen. Hier hat kaum einer die Möglichkeit, wochenlang durch Europa zu reisen wegen Theater, wir bringen es deshalb hierher."

Gut, aber wieviel würden denn reisen deswegen?

Franz Peschke, ein Theater-Europäer, der den Kulturkontinent intus hat in seiner abenteuerlichen Vielfalt, ist Festivaldirektor. Waszerka nennt ihn spöttisch Jetset-Quichotte, das ist ein Kompliment. Peschke wählt mehrere Produktionen des Théâtre Vidy-Lausanne, präsentiert holländische Avantgarde-Truppen wie „Hollandia“ und „Trajekt“. Zum Auftakt überwindet die Maurice-Béjart-Schule aus Lausanne mit ihrer phantasievollen Körpersprache alle Barrieren der fremden Worte. Wenn Michel Hermon Titel der legendären Piaf singt, und wenn man dazu seiner Emotion freien Lauf läßt, spürt man die sprichwörtlichen drei Minuten Welttheater, die ein gutes Chanson in sich hat. Minuten des Alltags in Giovanna Marinis „Italienischer Cantate“, Geschichten von Polizei und Mafia darunter. Alles klingt rauh und ist voller Lebenslust. Vor 20 Jahren, erzählt die Marini, habe sie wegen der alten Zuhörer in Dörfern, die höchstens zehn Minuten Konzentration aufbringen für einen Liedvortrag, eine sehr knappe, bündige musikalische Struktur erfunden. Jetzt sei sie gestohlen und hieße Rap-Gesang. Die französische Komikertruppe „Dechamps & Dechamps“ zeigt mit „C’est magnifique“ die Absurditäten des Alltags als perfekten Wahnwitz. Ganz in der Tradition des französischen Volkstheaters verquirlen sich Pantomime, Tanz und Musik. Man muß kein Wort Französisch verstehen, um zu begreifen, was da vorgeht: Angeberei, Übereifer, Unerschütterlichkeit. Mit allem möglichen und schier unmöglichen Ausdruck der Gestalten. Und wie jede gute Clownerie ist das auch ein wenig traurig.

Ein Hauch von Süden, von der Leichtigkeit des Seins verbreitet sich in diesen Tagen um Theater und Marstall: Die Akteure sitzen auf Stühlen in der Sonne beim Wein, reden mit jedem, der eine Frage hat oder nur guten Tag wünschen will, womöglich

Bonjour sagt. Das Foyercafé, versucht sich in französischer Küche fürs Publikum. Ein guter Happen Essen und der geistige Genuß gehen bekanntlich ausgezeichnet zusammen. Und dieses Festival ist bei aller Artistik der Darsteller ein Ereignis auf der Erde. Dafür braucht man sich nicht mit Roben zu verkleiden. Das bedarf im Norden, und im Osten zumal, bei älteren Semestern auch noch der Gewöhnung.

Im Jahr drauf tritt das Genfer „Teatro Malandro“ im Zirkuszelt hinter dem Marstall erstmals in Deutschland mit seiner Fassung von Friedrich Dürrenmatts „Besuch der alten Dame“ auf. „Verzapft keinen Tiefsinn, fügt dem Rätsel kein neues bei“, nach diesem dramaturgischen Rat des Autors hat Omar Porras-Speck das Stück vom Stil des Literaturtheaters befreit. Er erinnert damit an den Ursprung, daß Theater kaum mehr als ein Brett, ein paar Plünnen und das Licht aus dem Innern des Schauspielers benötigt. So wird der angesagte Mord an einem Liebesverräter ein schrilles Kostümfest mit Masken und Musik, Klavier und Mundharmonika, ein Furioso kunstvollen Stegreifs, bei dem mal in französischer, mal in deutscher Sprache agiert wird. Die „Malandro“-Bilder der Verwandlung von Biederkeit in tödliche Gefahr schrecken vor keinem Spaß zurück. Das mag manchem Zuschauer noch fremd sein. Dürrenmatt aber hat gedacht: „Wir sind nicht im Bilde über diese Welt, wenn wir uns kein Bild über sie machen. Dieses Machen ist ein schöpferischer Akt“. Bei „Malandro“ ist er ein Vergnügen kunterbunt. Wie es zu einem Denkspiel wird, wenn Heinz Bennent Texte aus Hölderlins Briefroman „Hyperion“ auf der Kammerbühne interpretiert: Das

Ereignis eines Träumers. Oder wenn er mit Sohn David Samuel Becketts „Endspiel“ französisch spielt, aber so, daß man den Text fast aus den Gesichtern lesen kann.

Oder wenn Waszerka das Dom-Kapitel aus Franz Kafkas Roman „Der Prozeß“ dem Spielort Schweriner Dom anverwandelt. Das Endspiel des Josef K., der Alptraum von der Verurteilung ohne Anklagegrund durch den unsichtbaren Apparat einer mitleidlosen Bürokratie. Marco Albrecht offenbart die ohnmächtige Angst, die vom „Feind im Kopf“ kommt. Vor den europäischen Experimenten braucht sich dieses heimische nicht zu verstekken. Im sakralen Raum ist das Theater an einen seiner Ursprungsorte zurückgekehrt. Eigenartige Verfremdung in der Gegenwart. Gleichsam ein Mysterienspiel samt Ritualmord. Waszerka bricht es am Ende durch böhmische Blasmusik und Bier im Gartenhof des Doms: Ein Aufatmen gegen die Ängste des Zeitalters.

Wiederkehr auch der Antike. Der Holländer Jos van Kan inszeniert mit Schwerins Schauspiel die „Bakchen“ von Euripides in der Weite des Marstalls. Um das Symbol einer riesen Schicksalshand herum kollidiert der rauschhafte Dionysos-Kult, dem die Tragödie ihre Entstehung als Kunstform verdankt, mit verwalteter Sittlichkeit. Hinter den Fenstern spielt auch die Natur mit wie auf der Orchestra des antiken Amphietheaters. Die Marstallhalle erweist sich erneut als idealer Schauspielplatz. Lange wird das nicht mehr währen. Eine politische Entscheidung macht sie zum Museum. Die Antike hingegen zum Exempel kurzsichtiger Politik macht Hansgünter Heyme beim

Gastspiel mit der „Antigone" von Sophokles. Ekkehard Schall, ein König vormals am Berliner Ensemble, spielt den König Kreon als einen wendigen Politiker, der sich im wörtlichsten wie im wahrsten Sinne immer wieder um sich selbst dreht und dabei den Realitätsverlust zu spät erkennt. Das wirkt noch immer als Nachspiel auch auf DDR-Zeit. Ein Epilog dazu ist das Publikums-Echo auf dieses Eurofestival. Die Weltoffenheit, die im Reisefieber geradezu erstürmt wird, faßt in der Kultur emotional und rational nur langsam Fuß. Der dritte Versuch mit 33 Gruppen offenbart es. Zudem ist er unglücklich mit dem 20. Norddeutschen Theatertreffen in Schwerin gekoppelt. Ensembles aus Rostock, Stralsund, Oldenburg, Lübeck, Hannover, Kiel, Braunschweig, Göttingen, Celle, Hamburg gastieren. Täglich spielen zwei parallel.

Minderwertigkeitskomplexe kommen bei den Schwerinern nicht auf. Alles allerdings wenig wahrgenommen von Zuschauern. Hier hat das Theater die reale Schätzung verloren, wieviel Angebot eine kleine Stadt und ihre Umgebung bewältigen und wieviel der potentielle Besucher noch bezahlen kann.

Die Bühne leidet auch an den sozialen Bedingungen des Publikums, selbst an der Banalität, daß einige Aufführungen zu lang sind für den Heimweg zu einer Stunde, die älteren Leuten noch sicher erscheint. Es kann sich darüber mokieren, wer in höheren Sphären lebt.

Trotzdem, das dritte Eurofestival macht den Ehrgeiz des Schweriner Theaters handgreiflich, die europäischen Möglichkeiten spielerisch zur Erfrischung des kulturellen Klimas zu nutzen, und der Besuch nimmt hier sogar zu. Der russische Clown Jewgeni Sitochin benutzt seine Gliedmaßen als Instrument, auf dem er improvisiert. Die Münchener Kammerspiele, eines der besten deutschen Schauspielensembles, kommen mit großartigen Solisten. Sibylle Canonica spielt in der Inszenierung des Autors das „Wunschkonzert" von Franz Xaver Kroetz. Eine Frau erfriert in der Sofaecke durch die Kälte der Isolation. Die Canonica spielt wortlos inneres Erstarren, es ist die Stunde, da wir alles von der Einsamkeit wissen. Alles über die turbulente Maskengesellschaft der Spaß-Generation spielt Edgar Selge in „Die Nacht kurz vor den Wäldern" von Bernard-Marie Koltès, inszeniert von Jens-Daniel Herzog. Im Monolog, der ein Dialog mit einem imaginären Partner ist, redet er sich mit Spott und Zorn Bedrängnisse von der Seele. Wortmusik intonieren Thomas Holtzmann und Gustl Halenke mit „Love Letters" von Gurney, eine erinnerte Liebe auf Papier als skurriles Duett.

Noch einmal eine hinreißende Parodie der Eitelkeiten aus Paris mit „Dechamps & Dechamps" und zum Finale ein Klangrausch aus dem Saxophon des Jan Garbarek im Dom. Jazz-Kammermusik in nordischer Backsteingotik.

Nach der letzten Zugabe, dem letzten Handschlag des Applaus gesteht Festivalmacher Franz Peschke seine Befürchtung, das Ende dieses Abends könnte das Ende des Festivals überhaupt sein. „Was liegt im medialen Zeitalter der Erlebnisse aus zweiter Hand näher, als aufregende Theaterarbeiten zu sammeln an einem Ort für ein Publikum, das interessiert, sogar theatersüchtig ist?" So fragt Waszerka am Beginn und träumt optimistisch: „Gibt

Friedrich Dürrenmatts „Besuch der alten Dame“ mit Bärbel Röhl, Dietrich Musch und Ralf Lehm in der Spielzeit 1990/91, Inszenierung: Alexander Stillmark

es einen besseren Ort dafür als Schwerin?“ Recht behält Peschke. Vorläufig gibt es viele bessere Orte. Der Atem der grußwortschreibenden Politiker ist kurz. Vorüber sind drei Jahre des Enthusiasmus, der das hiesige Ensemble befruchtet. Weiter gehen die Reden von Europa. Die Spiele mit Berührungen, die keine Europa-Rede je erreicht, sind vorbei, „Ins Gärtnerplatz-Theater“, hat Karl Valentin geblödelt, „gehen nicht nur Gärtner“.

Ins Staatstheater, bestätigt Schwerin, gehen vor allem Staatsleute am wenigsten. Der Unsinn hat immer einen Hintersinn. Es sei denn, die Staatsleute drängen sich bei den Theaterbällen, das hat einen Vordersinn.

Doch im Schloßhof glänzt festspielmäßig noch die Oper mit Verdis „Troubadour“. Was in diesen Breiten an italienischem Feuer zu entzünden ist, lodert in der Inszenierung von Werner Saladin und durch den musikalischen Impetus von Ivan Törzs am Pult der Staatskapelle. Leidenschaften zu Pferde, zu Fuß, im Reigen, sogar wenn es mal nieselt. Barbara Bornemann, Karin Goltz, Silvia Learna, Eva Maria Tersson, Rudolf Kostas, Rodolfo Mertens, Dario Walendowski, Antonius Nicolescu alternierend und andere verströmen Wohlklang, verzaubern das Publikum in der märchenhaften Kulisse. Als die Spielzeitpause kommt, ist die Liste der Kartenwünsche noch so lang, daß man sich zum Dacapo in der nächsten Saison entschließt.

Die Oper überhaupt glänzt seit Jahren. Eine imponierende „Tosca“ mit Silvia Learna und Dario Walendowski. Ein bezaubernder „Rosenkavalier“ mit Learna, Christine Dammann und Ulrich Hielscher. Ein kräftiger „Figaro“ mit Rudolf Kostas und „Meistersinger“ mit ihm als Sachs weit über der Provinz. Eine ergreifende „Jenufa“ mit Cynthia Jacoby und Erika Ewald als Küsterin. Eine umwerfende „Salome“ mit Zehra Yildiz, ein Hochtalent, das der Tod von der Bühne reißt. Alles Inszenierungen von Saladin, der in Olaf Zombeck einen Ausstatter hat, der dem Genre gibt, was ihm gebührt: den Raum für große Bilder. Mit „Tristan und Isolde“ wird erneut der Anspruch manifestiert, nicht

„Salome“ von Richard Strauss, Premiere am 27. September 1996,
Inszenierung: Werner Saladin,
in der Titelpartie Zehra Yildiz

hinter den sieben Bergen zu sein. Hans-Peter Lehmanns Inszenierung, die Isolde von Isolde Elchlepp und Ivan Törzs mit der Kapelle bestätigen das.

Neben Strauss, Wagner, Mozart auch Gounod, Donizetti, Wolf-Ferrari, Puccini und unvermeidlich Lehár, Kálmán und obendrein Benatzky im Repertoire. Wenn statt der Erzählung die Aufzählung mal etwas belegen soll, dann ist es die Farbigkeit des Musiktheaters. Seinen Zirkel schlägt es über hundert Kilometer in die Runde des Publikums.

Ein Herzstück bleibt die Staatskapelle. An der immer wieder versucht wird herumzuoperieren. Natürlich ist ein Qualitätsorchester nicht billig zu haben.

Es kommt die Idee auf, gemäß dem Namen der Kapelle könnte der Staat und nicht die arme Stadt sie tragen. Es folgen Pläne bis zur Amputation zum B-Orchester. Die Musiker weisen nicht nur nach, daß dann Bruckner oder Mahler in der Landeshauptstadt nicht mehr auf dem bisherigen Niveau gespielt werden können. Sie wehren sich mit Sonderkonzerten, Horia Andreescu kommt solidarisch zu diesem Zweck. Ivan Törzs verteidigt die Botschaft einer großen Tradition. Eine Gruppe des Orchestervorstands bricht auch den Rahmen des konventionellen Konzertbetriebs. Mit Abenden musikalischer Geselligkeit, zusätzlich zum regulären Dienst, wird erlebbar gemacht, was dieses Orchester für die Aura der Stadt bedeutet. Die Musiker verzichten wegen der Sparzwänge zeitweise auf Teile ihres Tarifgeldes. Meck-Proms, gezeugt vom amerikanischen Chef, werden auf der Wiese im Schloßgarten geboren.

Schweriner Streichquartett
(Kammermusikvereinigung der Mecklenburgischen Staatskapelle)
1. Violine Katrin Wodner, 2. Violine Gabriele Mentzel,
Cello Frank Matzke, Viola Hubertus Nicklich

Das Schauspiel kämpft weiter um Neusichten auf die Klassik und um Stoffe der Gegenwart. Unter der Fahne „Schiller und Konsorten“ werden „Maria Stuart“ und „Don Carlos“ im Geiste des Sturm und Drang - nur keine Scheu vor den Worten - als letztlich politisches Theater inszeniert. Der einst junge Wilde

Georg Büchner taucht mit „Woyzeck“ und der melancholischen Staatssatire „Leonce und Lena“ auf: „Die Kategorien sind in der schändlichsten Verwirrung.“ Und Waszerka, Gnade der späten Ankunft in Schwerin, wagt schon wieder etwas: Goethes „Faust“, das Fragment „Urfaust“ allerdings. Der Vergleich zur Legende muß entfallen.

„Vom Glück des Scheiterns“, heißt eine andere Schauspiel-Losung. Es sind Stoffe des 20. Jahrhunderts, gegen dessen Ende die Dialektik von Hoffen und Verzweifeln schärfer wird. In Stükken wie „Goldberg-Variationen“, der neuen göttlichen Komödie vom jüdischen Theater-Weisen George Tabori, der sagt: „In jedem Witz steckt eine Katastrophe.“ Und „wovon werden wir morgen geistig leben?“, fragt der Wiener Sprachjongleur und Wort-Brecher Bodo Hell in seinem „Herr im Schlaf“, das in Schwerin seine Deutschland-Premiere erlebt. Eine Co-Produktion mit dem Grazer „forum stadtpark theater“ in der Regie von Ernst M. Binder. Hells Witz ist der Aberwitz, daß in der mittlerweile üppigen Kommunikationswelt die Worte den Menschen gebrauchen.

Mit einer Inszenierung von Binder verbindet sich auch ein Aufsehen, das Schwerins Schauspiel neuerlich in die Bundesliga bringt, wie man nun scherzt. Es ist die Uraufführung von Einar Schleefs „Totentrompeten“. Binder weiß einen Schatz von drei hiesigen Darstellerinnen, mit denen er das unbedingt machen muß. Lore Tappe, Gretel Müller-Liebers und Ute Kämpfer. Dem Text von Schleef fehlen die üblichen Rollen. Eher Dialogstücke als ein Stück. Sauschwer, schimpfen Tappe und Liebers zu Probenbeginn, was das wohl werden soll.

Riesenhut und bunte Bluse, Jägerhütchen und Trachtenkostüm, Trude und Elly, die „Schachteln am Abend", haben sich herausgeputzt. Ihre Freundin Lotte ist in der geschlossenen Anstalt gelandet. Beide haben sich deren Reisepapiere anvererbt und fiebern nach dem Start: „Noch einmal raus aus dem Koben, dem Mist." Nach Moskau, gleicht ihr Ruf dem berühmten Signal aus Tschechows „Drei Schwestern". Auch bei Schleef ist es weniger die Sehnsucht nach diesem Ort als der Wunsch, aus dem begrenzten Winkel in eine Welt zu entkommen, die seinen Figuren, quasi eine Bitter-Ironie auf den Philosophen Schopenhauer, nur als Wille und Vorstellung vorhanden ist. Schleef aber philosophiert nicht. Er spiegelt in seiner Geschichte aus den siebziger Jahren, die in seiner Heimatstadt Sangerhausen siedelt, DDR-Befindlichkeit im Abseits. Drei alte Frauen widerstehen dem grauen Tag durch die Verweigerung, sich selbst grau zu fühlen. Sie lassen sich von ihrem Zuhause nicht auffressen, lieber noch würden sie sich umbringen, eher irgendwie in den Westen heiraten, wenigstens mal eine Ostferienreise. Schleef verwebt Banalität, makabre Begebenheit, Trotz und ungebrochenen Lebensmut. Als Sprachexpressionist verkürzt er das zu Parolen, benutzt Dialektfetzen, spitzt das Volksmaul zu zur Wortenergie. Schleef spricht von einem „religiösen Stück", was übertragen zu verstehen ist als Nachricht vom Glauben an den Menschen.

Binder formiert keine plakative Geschichtsaufarbeitung. Er hebt ab vom DDR-Naturalismus, hebt aber reales Selbstbewußtsein der Frauen heraus, wie und wofür auch immer erworben in der DDR, wie kurios bei Schleef auch immer artikuliert. Die drei Darstellerinnen schöpfen die Imagination aus ihrer Vertrautheit mit jenem Leben. Tappes Trude mißtrauisch, erbost, höhnend mit eitlen Posen des Kopfes. Eine resolute Person, deren Kraft noch zu spüren ist, wenn sie bedeppert dasitzt. Liebers als drahtige Elly mal betulich, plötzlich giftig. Wenn sie in Lauerstellung den Kopf vorstreckt oder lachend die Zähne zeigt, ist Angriff nahe. Ein harmonisches Paar in seinen Disharmonien. Seltsam, wenn sie kokett werden und sich anblaffen wie Müllmänner. Ute Kämpfer als verstummte Lotte sagt nichts und sagt damit viel über Gefühlskrankheit. Eine gespannte Aufführung, die frei ist von den Mätzchen oberflächlichen Hohns auf die Vergangenheit. Dafür drängt sie zum bohrenden Nachsinnen: So war das Leben, war es so, wieso eigentlich war?

Zur Premiere fragen einige nach dem Autor.

Der Exzentriker, merkwürdig, kann auch scheu sein. Kurz vor Beginn auf der Kammerbühne wird er gesehen, wie er das Haus verläßt. Abreise? Nein, Luftholen wohl nur. Bei der Premierenfeier sitzt er, der eigentlich Stampftheater liebt, im Trubel der Erleichterung in einer Ecke mit zufriedener Miene. Schwerin wird mit „Totentrompeten“ nach Mülheim eingeladen, Schleef bekommt dort den Dramatiker-Preis. Er schreibt „Drei Alte tanzen Tango“ als Fortsetzung für die gleiche Besetzung. Wieder ein Schlager.

Aufgelöste Figuren in der Auflösung der Verhältnisse die drei Alten in den Wirren der Wende. Noch eine Fortsetzung soll nahe sein.

Die deutschen Gedankenspiele treibt Peter Dehler als Autor weiter ins Kabarettistische. Das alte Wort, daß es schwer sei, in Deutschland keine Satire zu schreiben, ist fest in seinem Besitz. In „Sprachlos“ umkreist er die Situation von DDR-Bürgern, die einfach noch da leben, wo ihr Staat weg ist. Keine Nostalgie. Sie sitzen in einem Irrenhaus und sollen mittels Wunderpille Versuchskaninchen eines Bewußtseins-Experiments werden. Die Idioten aber fordern Zeit, um in die neue Zeit zu finden. Die Uraufführung ist zur Premiere noch kein Knaller, doch das Stück entwickelt sich zu einem Dauerbrenner. Das gibt es auch.

Wie entwickelt sich eigentlich das Ensemble aus Ost und West? Es ist in allen Sparten rasch gemischt in der Herkunft. Ist die deutsche Einheit wenigstens hinter den Kulissen vollzogen? Shakespeare und Mozart haben schließlich deutsches Theater in beiden deutschen Staaten bewegt.

Da sitzt eine Runde von Intendanten, Schauspielern, Sängern. West-Waszerka geht davon aus: Bis auf die Geheimdienste war kein Bereich so eng zusammen während der Trennung wie die Theaterleute. Bodo Schielicke-Ost: Wir hatten Glück mit toleranten Leitern, die aus dem Westen kamen und die einzelnen Ensembles auf die neuen Bedingungen hin sozusagen reformierten, statt alle Strukturen zur Brache zu schlagen. Es entstanden weder Ost- noch Westcliquen, allenfalls Generationskonflikte. Überraschend war nur, daß die Westkollegen mehr linksorientiert waren als die hiesigen, die dann eher liberal-konservativ erschienen. Der geschäftsführende Ost-Intendant Joachim Kümmritz: Natürlich sind die Verhältnisse im Theater eine Insel. In der künstlerischen Produktion ist man auf Gedeih oder Verderb einfach aufeinander angewiesen. Das uneingeschränkt bis zu jedem technischen Mitarbeiter. Der West-Sänger Martin Ackermann: Außerdem, wir haben Arbeit, eine wunderschöne dazu, manches soziale Problem sitzt uns weniger im Nacken. Arbeit, die Vergnügen macht, ist ein Privileg. Cordula Gerburg: Ich war die erste Westschauspielerin hier und kenne keine Aversion wegen der Herkunft.

Es ist wie überall auf dem Theater, mit dem einen kann man spielen, mit dem anderen nicht. Es geht nur um dieselbe künstlerische Sprache bei der Arbeit. Ost-Sängerin Erika Ewald: In einer Aufführung muß man aufeinander hören oder man ist verloren, vielleicht ist das ein Rat, den Künstler dem Publikum geben können.

In der Theaterarbeit demnach bereitet die deutsche Einheit Vergnügen. Wenn Gerburg im „Nachtcafé," des Foyers, eine Art Ersatz für das leider aufgegebene TiK, mit rauchiger Stimme französische Chansons singt. Oder wenn sie mit Sprachmelodie die Callas spielt in „Meisterklasse" von Terrence MacNally und Opernsängerin Anke-Christine Markert als Schülerin gehen lehrt: Ein Schreiten eines bis in die Fingerspitzen kontrollierten Körpers, das Haupt erhoben, wie um auf sich selbst zu blicken. Sie demonstriert, was ein Auftritt einer Diva ist, die sich schmeichelt, keine zu sein. Sie macht ihre Opernkollegen, die zwischendurch Arien von Bellini, Verdi und Puccini bei ihr üben, zu Anfängern, stückgemäß. Mit weltumspannender Geste rät sie: Verpassen sie keine Gelegenheit, Theater zu spielen.

Mehr Leben dagegen spielt Brigitte Peters in Oliver Bukowskis „Nichts Schöneres". Der 37jährige dramatische Aufsteiger leuchtet mit drastischem Realismus in den Seelen-Keller einer Alleinstehenden, die in ihrer Ehe gedemütigt wurde, die sich dafür tödlich am Manne gerächt hat. Trotzdem erzählt da in der Regie vom Grazer Binder keine düstere Figur, sondern eine Frau von enormer Kraft. Der Schmerz huscht nur als kurzer Schatten über ihr Gesicht, der Witz läßt es aufblitzen. Der Körper reckt sich und sackt zusammen, lakonisch fällt die Stimme in Resignation, rafft sich auf zur Scheiß-drauf-Melodie. Kanten und Kontraste ungeschminkt. Eine Außenseiterin, die, selbst wo sie unappetitlich ist, nicht kalt läßt. Das ist die außergewöhnliche Leistung von Brigitte Peters. Viel Anerkennung wieder in Mülheim.

„Ein Kind unserer Zeit" porträtiert Martin Reik, der in kurzer Frist mit seiner Flexibilität zu einer Stütze des Schauspiels wird. Er kaut an den Fingernägeln, doch auf einer Bank sitzt er mit der Pose, die für niemand sonst Platz läßt. Ohne Verlegenheit klopft er Sprüche: Es gibt kein Recht ohne Gewalt. Ein Kraftprotz, der sich durchaus Gedanken macht, hin zur Gedankenlosigkeit: Lieber stehlen als betteln. Reik macht, daß man erschrickt. Weil er nicht auftrumpft, sondern die psychologischen Schattierungen des jungen Mannes ausspielt. Denn es ist ein Monolog, den Binder und Dramaturgin Koschwitz aus einem Roman Ödon von Horváths gefiltert haben. In den dreißiger Jahren sucht ein Arbeitsloser den Ausweg in der Führer-Volk-und-Vaterland-Ideologie. Bestürzende Aktualität.

Wie sie ebenso auftaucht, wenn Michael Jurgons den „Volksfeind“ von Henrik Ibsen inszeniert. Da hat einer recht mit seinen Erkenntnissen von bedenklicher Wasserqualität in einem florierenden Kurbad. Das Amt erkennt das nicht an. Zur Gerechtigkeit fehlt dem Doktor nämlich die Macht. Die Macht also kann den unbequemen Querkopf leicht isolieren. Eine Geschichte von 1882. Wie denn, kann man sich um 116 Jahre irren? Jurgons poltert die frappierende Nähe nicht heraus. Er rückt sie klugerweise in ästhetische Distanz. In der Frank Apitz als Doktor Stockmann mit kochendem Temperament den rücksichtslosen Idealisten um so nachhaltiger als Zeitgenossen, also eine Pikanterie vorführen kann. Wenn er versumpften Zeitgeist anprangert, wird der Zuschauerraum gleichsam als Versammlungsforum integriert. Sagt der Oberbürgermeister zum Intendanten bei einem Empfang: Ich habe gehört, es gibt da örtliche Anspielungen, das muß ich mir doch mal ansehen.

Das Schauspiel ist wieder in der Gegenwart angekommen, wir mit ihm, und wir hören und sehen die alten Tugenden in allen Sparten: Das Vergnügen des Homo ludens, des spielenden Menschen, das dem Homo faber, dem arbeitenden, mitunter als Elixier erscheint. Wenn Christiane Hagedorn als Brechts Polly mit ihrem enormen Klanggespür auf dem Songgipfel steht, dann ist die Oper für drei Groschen viele Mark wert. In der seriösen Oper strömen die Stimmen der Japanerin Machito Abata und des Amerikaners Michael Putsch für Puccinis japanisch-amerikanische Liebeskatastrophe zwischen Cio-Cio-San und Lieutenant Pinkerton in „Madama Butterfly“ italienisch. Nicht bloß gesamtdeutsch ist das Ensemble geworden, auch international. Besonders im kleinen Ballett: Damen und Herren aus Australien, Kanada, Spanien, Griechenland, Bulgarien, Slowenien, Deutschland. Ballettdirektor Stefan Haufe sagt: „Hier lebt es sich vor, das junge Leute in aller Welt gleiche Interessen und Probleme haben, weder Nationalität noch Hautfarbe sind Gründe für Sympathien oder Antipathien.“ Mit seiner Schöpfung „The Heart Asks Pleasure First“ ist er zur Eröffnung des alten Schweriner E-Werks als neue Spielstätte dabei. Sein Ballett realisiert die Werbe-Parole „E-Werk wieder unter Strom“. In der Mischform des modernen Tanzes erzählt Haufe Beziehungsvorgänge vieler Stimmungen: aneinander vorbeigehen, aufeinander zugehen, wild das Leben feiern. Ein Wirbel mit Clownerie und artistischen Elementen. Mit seinen Choreographien und seinen Spielplänen zwischen experimentellen und Handlungsballetten, so Strawinskys „Petruschka“, demonstriert Haufe die Lebensfähigkeit wie die Unentbehrlichkeit des Ballettensembles an diesem Haus. Dafür hat er den ersten Schweriner Conrad-Ekhof-Theaterpreis erhalten, der die Leistungen von Nachwuchskünstlern befördern soll, initiiert von der Gesellschaft der Freunde des Staatstheaters. Verdienstvoll hat der Bergedorfer Unternehmer Claus Brendel die Gesellschaft in der Nachwendezeit gefördert; bedauerlich sein Unglückstod. Manfred Walther, der ehemalige Sparkassendirektor, widmet dem Verein jetzt manche Stunde seines Unruhestands. Eine Bewegung aus Bürgersinn, die dem Theater gut bekommt. Mit dieser Hilfe soll demnächst der historische Schmuckvorhang des Hauses restauriert werden.

„Die Dreigroschenoper“ (Bertolt Brecht/Kurt Weill)
in der Spielzeit 1997/98
Inszenierung: Peter Dehler

Doch wechseln wir einmal die Perspektive. Wie sieht eigentlich eine Vorstellung hinter dem Vorhang aus? In einer Viertelstunde beginnt der dreiteilige Strawinsky-Ballettabend. Nadja Balabanoff, die Inspizientin, gleichsam die technische Dirigentin der Vorstellung, ist schon an ihrem Pult an der Portalseite. Früher hat sie selbst getanzt.

Sie zupft an einem Dekorationstuch des Bühnenbilds, geht zurück zum Mikrofon, eine Zeitdurchsage in Garderobe und Kantine. In ihrem Klavierauszug eingekreist große rote Zahlen, Zeichen für technische Aktionen. Mißlingt auch einmal etwas? Es kommen schon kleine Pannen vor, die von den Zuschauern meist nicht bemerkt werden, gibt sie zu. Letzthin nahm einer den Koffer mit von der Bühne, der hätte stehen bleiben müssen. Geht einmal eine Kleinigkeit schief, kann man auf die nächste warten, ist ihre Erfahrung. Der Mann von der Feuerwehr kommt mit Protokollblättern, was gefährlich werden könnte, wie offenes Licht auf der Szene, ist da festgehalten. Der Wachhabende müßte im Notfall entscheiden: ist das Publikum zu informieren, das Haus zu evakuieren, welche Einsatzkräfte braucht man. 19.20 Uhr. Auf dem Monitor der Inspizientin sieht man erste Zuschauer, die neugierig in die Orchesterwanne schauen, wo schon das Einspielen zirpt. Die ersten Tänzer kommen im Kostüm, dehnen sich noch einmal in den sogenannten Gassen der Bühne, zwei Frauen probieren Drehungen in der dunklen Mitte, gehen ab mit dem charakteristischen Berufsschritt, der sie auch auf der Straße ausweist: en dehors - Füße nach außen. Noch zwei Minuten bis zum Beginn, und es sieht nach gar nichts aus. Die Lampen trübe, die Inspizientin unauffällig, sind überhaupt alle da, fragt sich der Laie. Wenigstens der Kapellmeister kommt: Guten Abend, soll ich schon runtergehen? Ja, bitte, Herr Hänsel. Kurz darauf ist Begrüßungsbeifall zu hören. Achtung, ruft die Inspizientin, der Vorhang geht auf, Licht flutet, plötzlich tanzt die Nachtigall.

Das gehört zum Wunder des Theaters: Zwischen dem Blick auf Kulissen von hinten, auf das Steinhaus aus Pappe, neben abgestellten Podesten, Kabeln, Leitern, dem Hin und Her von technischem Personal, im Klima einer Werkstatt, die überhaupt nichts hat vom Plüsch des Vorhangs und vom Gold der Ränge vorn, in diesem scheinbaren Durcheinander der Desillusion in einem Augenblick den Wandel zu schaffen von der privaten zur Kunstfigur. Auf dem Monitor hat man den Blick des Zuschauers auf Tanzbilder am Hofe des Kaisers von China, aus der Gasse fehlt einfach die Illusion dazu, von dort sieht man eher das Material der Bilder, nicht ihre Wirkung. Eine Tänzerin geht mit einer Wasserflasche vorbei, und Denise Churchward, die Nachtigall, sitzt in einer Auftrittspause auf den nackten Brettern und lokkert mittels einer Rolle ihre Fußmuskulatur. Am Rande bereitet sich Dirk Lienig gymnastisch auf den folgenden „Petruschka“ vor, und Julia Finsterwalder, die Ballerina in dem traurigen Märchen, übt eine Figur mit ihrem Partner: Beim Ballett gibt es keine Souffleuse. Die Techniker sind schon in Position für den Umbau. Vorhang, Beifall, Verbeugen, Umziehen, alles am Schnürchen. Ein Ehepaar des Ensembles begegnet sich mit einem flüchtigen Kuß, ein nervöses Nesteln am Rock des neuen Kostüms, Bühnengesicht einschalten, raus, die Geschichte nimmt ihren Lauf, Sprung, Überschlag.

Schnell ist die Pause vorüber. Dunkel auf der Bühne, ein letztes Flüstern in der Gruppe, die Musik gibt den Rhythmus, und das Furioso des „Frühlingsopfers“ beginnt. In der Gasse wippt sich eine Tänzerin ein, jetzt, raus mit Tempo, mit Tempo wieder rein, das Rollengesicht erlischt erst drei Meter nach dem Abgang. Wer Zeit hat zwischendurch, macht schon mal ein Schwätzchen. Draußen aber tanzt Daniela Thiele sich als Opfer die Seele aus dem Leib.

Wie ist das Gefühl nach dem Applaus? Emily Fernandez aus Australien, die alternierend das Opfer tanzt: Wenn man zufrieden ist mit sich selbst, weil man sein Bestes für die Zuschauer gegeben hat, dann ist es sehr gut. Julia Finsterwalder: Aber man weiß auch trotz des Beifalls, wenn man mal nicht so gut war. Das Opfermädchen kann aufatmen, kein geringer Applaus. Scheinwerfer aus, die Tänzer greifen wieder zum Wort, erstmal tröpfelt es nur. Daniela Thiele steht noch einen Moment erschöpft in der Bühnenmitte. Die Wirklichkeit hat sie wieder.

Wieviel Gewicht kostet die Rolle? Weiß sie nicht. Nur eins: Puhh, erstmal ein Bier.

Wenn schon die Landschaft nicht, das Theater in ihr blüht wieder, mit allem Blätterfall, der in der Natur selbst der Kunst liegt.

Gerüchte um seine Zukunft haben es begleitet, der Streit um seine finanzielle Sicherung hat es gebeutelt, und das wächst nach wie die Köpfe des Drachens.

„Arme Teufel" von Peter Dehler nach Johann Nepomuk Nestroy im Mai 1998 zur Eröffnung einer neuen Spielstätte im E-Werk. Szene mit Ekkehard Hahn und Bodo Schielicke (r.)

Ungesund mittlerweile stehen das Vermögen der Kunst und das Vermögen für die Kunst im Verhältnis.

„Arme Teufel" hat Dehler seine jüngste Posse genannt.

Eine Hausmarke.

Vor einer Premiere ist es Usus, daß sich Theaterleute - toi-toi-toi - anspucken, damit alles gelingt, spucken über die linke Schulter natürlich, und richtig gilt es nur im Kostüm. Hülf' es, für die Zukunft zu spucken, würden wir unsere gute Kinderstube gern vergessen.

Wenn das Triumvirat der Intendanten endet, sind sieben Jahre vorüber. Die Spanne gilt als gut und üblich für den Wechsel am Theater. An neuen Kapiteln wird schon gearbeitet. Die Rolle der Pythia in Delphi wollen wir nicht probieren. Es ist schon so: Der Ruhm der Bühne welkt rasch. Aber jetzt nicht noch den Bajazzo singen.

Statt dessen zwei Schlußworte. „Das Theater zu verlassen fällt mir nicht leicht wegen der Menschen, die sich ihm hier verschrieben haben, und wegen des guten Publikums. Seine Theaterliebe hat uns immer angespornt, auch noch jenseits gesetzlicher Vorschriften zu arbeiten. Doch meine Enttäuschung im Verhältnis zu den Politikern ist demotivierend. Das erleichtert den Abschied." Das sagt Waszerka.

Saladin, der, anknüpfend an zwei frühere Versuche, Schwerin 1999 noch eine spektakuläre „Aida" auf der Museumstreppe in der Kulisse des Alten Gartens bescheren will, und hoffentlich scheint dazu wieder der Vollmond rot über dem See wie 1959, Saladin blickt zurück: „Ich gehe nicht im Groll. Wir haben hier fruchtbar gearbeitet. Oft unter katastrophalen Probenbedingungen in alten Russenkasernen in staubiger Warmgebläseluft und mit einem Armeewaschwagen auf dem Hof. Das wäre im Westen nicht möglich gewesen. Was wir in den Unmöglichkeiten möglich machen und ohne Larifari, das müssen Sie woanders immer noch suchen. Ich habe 45 Jahre lang Theater in mich hineingesoffen, war auch trunken davon und hatte auch Kater. Hier waren nicht die schlechtesten Jahre. Nur mein Inneres bangt: Hoffentlich geht das nicht kaputt." Mag sein, das ist nicht der Ton der „jungen attraktiven Trendmenschen"-, wie ist das Wort bloß möglich? - von denen in einem Lifestyle-Magazin zu lesen ist. Es ist aber die Haltung, die Theater am Leben erhalten wird.

Und noch ein Nachwort: Ein Theaterstück muß zum Ende hin schneller werden. Es darf nicht so lang sein, wie man über Theater erzählen könnte, diese Schnurre noch und jene. Es darf den Zuschauer in der Schwebe lassen. „Mit einem Rest, der Rast zum Klären braucht", wie der junge Sedemund bei Ernst Barlach sagt. Wie im Theater, so in den Erinnerungen daran.

Zum raschen Schluß nur noch die Abwandlung eines Spruchs, den Karl Kraus auf die Frauen bezogen hat: Natürlich kann man ohne Theater leben, man kann bloß ohne Theater nicht gelebt haben.

Applaus im vollen Haus - Glück der Theaterleute

Theater in Schwerin

Eine Chronik von Werner Stockfisch

1557
Ein Ausgabenregister Herzog Johann Albrechts I. verzeichnet, daß am 25. Februar, denn Schülern so die Comedien gespilet" zehn Taler ausbezahlt wurden.

1563
Johann Albrecht beruft den aus Zwikkau stammenden Komponisten und Kantor David Köler (1532-1565) als Hofkapellmeister. Somit ist die Mecklenburgische Staatskapelle nach Kassel (1502) und Dresden (1548) das drittälteste Orchester Deutschlands.

1582
„In der Kirchen die Comoedia vom Fall Adae und Evae ganz zierlich agiret"

1606
Wandernde Komödianten aus England gastieren in Schwerin.

1665
Die deutsche Schauspielertruppe von Andreas Pandssen tritt auf.

1701
Herzog Friedrich Wilhelm (1675-1713) beruft eine Hofschauspielgesellschaft als erstes ständiges Theater in Schwerin. Die Hofkapelle wird als Instrumentalensemble von zwölf Musikern neu gegründet; Hofkapellmeister wird der Augsburger Komponist Johann Fischer.

1702
Auf der Schloßinsel wird ein „Comödien- und Gewächshaus" eröffnet.

1713
Infolge des Nordischen Krieges, der das kulturelle Leben im Lande lähmt, löst sich die Hofschauspielgesellschaft auf.

1714
Nach dem Tod Herzog Friedrich Wilhelms werden alle Hofmusiker entlassen

1733
Johann Gottlieb Förster aus der Zwickauer Gegend wirkt „mit seiner Familie und Suite“ drei Wochen als Schauspieldirektor in Schwerin.

1740
Herzog Christian Ludwig II. (1683-1756) beruft die Theatertruppe von Johann Friedrich Schönemann (1704-1782), der in Frankfurt/Oder Medizin studiert hatte und sich später Wanderbühnen, darunter derjenigen von Friederike Caroline Neuber, anschloß, als „Mecklenburgisch-Schwerinsche Hofcomödianten“. Gespielt wird zuerst (im Rathaus) „Die unter der Grausamkeit des Antiochus hingerichteten sieben Söhne oder Die Standhaftigkeit der Makkabäer“ von Antoine Houdarde La Motte sowie als lustiges Nachspiel „Arlequin Philosoph“. Im Oktober muß Schönemann die Bühne wegen Hoftrauer wieder schließen und geht mit seiner Truppe u. a. nach Hamburg und Berlin.

1747
Der Neuaufbau der Hofkapelle beginnt, und 1749 wird der Lübecker Adolph Carl Kuntzen Konzertmeister und Hofkomponist.

1750
Schönemann wird erneut berufen; die Bühne ist im Redoutensaal des Schlosses. Seine Truppe spielt abwechselnd in Schwerin, Hamburg, Güstrow und Berlin (bis 1756; Schönemann wird Rüstmeister am Hof).

1753
Conrad Ekhof (1720-1778), Mitglied der Schönemannschen Truppe, gründet in Schwerin die erste deutsche Schauspielakademie, die vierzehntäglich Sitzungen über Theaterkunst abhält. Sie zerfällt nach einem Jahr.

1754
Johann Wilhelm Hertel (1727-1789) wird Hof- und Kapell-Compositeur (bis 1767, danach Musiklehrer am Hof).

1755
Eine italienische Operngesellschaft führt „Tamerlano“ (Komponist unbekannt) auf. Mit der herzoglichen Kapelle gibt es die im selben Jahr in Berlin uraufgeführte Oper „Montezuma“ von Carl Heinrich Graun.

1767
Die Hofkapelle wird nach Ludwigslust verlegt, wo sich seit 1764 die Residenz

Herzog Friedrichs des Frommen (1717-1785) befindet, der das Theaterspielen verbietet. Trotzdem gibt es Versuche von Schauspieltruppen, Vorstellungen zu geben.

1770
Die Kreidezeichnung der Hofkapelle von Georg David Matthieu zeigt 27 Musiker, Sänger und Sängerinnen.

1787
Gottlieb Friedrich Lorenz erhält vom Magistrat die Erlaubnis zur Eröffnung einer Schauspielbühne, wegen Unstimmigkeiten mit den Schauspielern und dem Publikum nach einem Jahr geschlossen.

1788
Ein ehemaliges Reit- und Ballspielhaus am Alten Garten wird zu einem Schauspielhaus umgebaut.
Schwerin hat damit sein erstes Theatergebäude. Es wird mit dem Lustspiel „Die Badekur“ und der komischen Oper „Der Kapellmeister“ eröffnet und besteht bis zum Brand von 1831. Im Winter wird wöchentlich fünfmal, nach Ostern 1789 dreimal gespielt. Theaterdirektor nach Kammerherr Adolf Christian Graf von Bassewitz ist der Schauspieler und Musiker Johann Carl Christian Fischer (1752-1835) auf eigene Rechnung mit einem kleinen Zuschuß aus der Hofkasse (bis 1792).

1789
Hofkapellmeister in Ludwigslust wird der Komponist Franz Anton Rösler, gen. auch Francesco Antonio Rosetti (1750-1792).

1796
Herzog Friedrich Franz I. befiehlt, ein Theater einzurichten.

1799
Die seit 1796 auf herzogliche Rechnung geführte Theatergesellschaft wird aufgelöst.

1801
Die schließlich zustande gekommene Hofbühne wird eröffnet; Direktor ist Karl Krickeberg. Aufgeführt werden Schauspiele und Opern, auch in Doberan, Rostock und Güstrow.

1804
Während einer Vorstellung stürzt ein Teil der „Galerie-Barriere“ des Schauspielhauses herab; eine junge Frau wird tödlich verletzt.

1806
Karl Friedrich Graf von Hahn (1782-1857), der „Theatergraf", übernimmt die Leitung des Theaters (bis 1807). Danach wechseln die Direktoren schnell; die Verhältnisse, darunter die französische Besetzung, sind für das Theater ungünstig.

1824
Der Schauspieler Johann Krampe (1774-1849) erhält einen Vertrag zur Leitung des Theaters und den Titel Hofschauspieldirektor. Sein Ensemble, das 26 Mitglieder hat, muß während der Badesaison in Doberan spielen. Großherzog Paul Friedrich (1800-1842) unterstützt ihn, doch die Zuschüsse erfolgen unregelmäßig.

1826
Das Theatergebäude ist so schadhaft geworden, daß bei schlechtem Wetter keine Vorstellungen mehr gegeben werden können.

1830
Die Heizung wird verbessert, die innere Dekoration erneuert und eine bedeckte Auffahrt angebaut.

1831
In der Nacht vom 22. zum 23. April, nach einer Vorstellung von François Aubers 1828 in Paris uraufgeführter Oper „Die Stumme von Portici", brennt das - überwiegend hölzerne - Theater am Alten Garten ab. Zunächst wird in verschiedenen Sälen der Stadt weitergespielt.

1832
Am 22. Mai erhält Landbaumeister Georg Adolph Demmler (1804-1886) von Großherzog Friedrich Franz I. den Auftrag, nach seinen zunächst abgelehnten und dann überarbeiteten Entwürfen mit dem Theaterneubau zu beginnen.

1833
Ein hölzerner Interimsbau am Alten Garten wird am 2. Januar mit dem Lustspiel „Die Brandschatzung" von August Kotzebue und dem Liederspiel „Clementine" von Louis Angely eröffnet. (Er wird 1836 wieder abgebrochen.) Der Theaterzuschuß wird verdoppelt.
Erstmals „Fidelio" von Ludwig van Beethoven

1835
Die subventionierte Theatergesellschaft Krampes beendet mit der letzten - in Wismar gegebenen - Vorstellung ihr Wirken.

1836
Am 17. Januar wird Demmlers Neubau des Großherzoglichen Hoftheaters am Alten Garten mit dem Schauspiel „Die Schule des Lebens“ von Ernst Raupach feierlich eröffnet. Das Theater ist nun unmittelbar in großherzogliche Verwaltung genommen. Das Haus hat eine Breite von etwa 56 und eine Tiefe von rund 25 Metern; der Zuschauerraum faßt 600 Personen, hat drei Ränge mit Logen. Im ersten Stock liegt ein Konzertsaal, darüber der Malersaal, der bei Bällen im Konzertsaal als Speisesaal dient.
Intendant ist Hofrat Karl Zöllner (zuvor Privatsekretär Prinzessin Alexandrines in Berlin). Während seiner Intendanz (bis 1855) werden u. a. Dramen von Shakespeare, Schiller, Goethe und Kleist sowie Opern von Mozart und Wagner aufgeführt. Der Schauspieler, Sänger und Komponist Albert Ellmenreich (1816-1905) kommt nach Schwerin und spielt hier 23 Jahre große Rollen, u. a. Shylock und Mephisto.

1837
Die Hofkapelle kehrt von Ludwigslust nach Schwerin zurück. Sie besteht (1839) aus 20 Musikern, einem Musikdirektor - Carl Christian Schmidtgen (1796-1866) - und dem Kapelldiener.

1839
Demmler erhält den Auftrag zum Bau eines Magazingebäudes in einem Garten zwischen Ritter- und Theaterstraße.

1840
Felix Mendelssohn Bartholdy leitet in Schwerin das 2. Norddeutsche Musikfest.

1841
Musikdirektor ist Heinrich Mühlenbruch, ein Schüler des Komponisten und Dirigenten Louis Spohr, Primadonna der Oper Luise Köster-Schlegel (1823-1905, bis 1844, danach an der Berliner Hofoper).

1844
Die Bühne wird an der Rampe von 40 Rüböllampen mit Reflektor beleuchtet. Erstmals Goethes „Faust I“

1845
Die Koloratursängerin Jenny Lind (1820-1887), die „schwedische Nachtigall“, gastiert als Norma (Bellini) und Amine in Bellinis „Nachtwandlerin“.

1848
Der Schauspieler Ludwig Gabillon (1825-1896) ist Mitglied des Hof-

theaters (bis 1849), später am Wiener Burgtheater. Vom 26. April bis 17. Mai tagt im Konzertsaal der außerordentliche Landtag, der die Aufhebung der landständischen Verfassung von 1755 beschließt.

1850
Erstmals Orchester-Abonnementskonzerte, in der folgenden Spielzeit nicht fortgeführt

1852
„Tannhäuser" von Richard Wagner (uraufgeführt 1845 in Dresden)

1853
„Der fliegende Holländer" von Richard Wagner (uraufgeführt 1843 in Dresden)

1854
„Lohengrin" von Richard Wagner (uraufgeführt 1850 in Weimar)

1855
Der Opernkomponist Friedrich von Flotow (1812-1883) wird nach dem Selbstmord Zöllners, zunächst für ein Probejahr, Intendant des Hoftheaters (bis 1863) und der Hofmusik. Seine bekannteste Oper, „Martha oder Der Markt zu Richmond", 1847 in Wien uraufgeführt, wird auch in Schwerin zu einem Publikumserfolg. Im Theatergebäude wird anstelle der Rübölbrenner Gasbeleuchtung eingeführt (mehr als 1000 Gasflammen auf der Bühne).

1856
Der Dirigent Alois Schmitt (1827-1902) baut die Hofkapelle zu einem der bedeutendsten deutschen Orchester aus und macht Schwerin nach Bayreuth zu einer Pflegestätte der Musikdramen Richard Wagners. Er führt Konzertabonnements ein und ruft 1860 die Mecklenburgischen Musikfeste wieder ins Leben. Mit dem Orchester konzertieren u. a. Joseph Joachim, Clara Schumann, Camille Saint-Saëns, Johannes Brahms, Hans von Bülow, Anton Rubinstein.

1857
Zum Einzug der großherzoglichen Familie in das seit 1845 umgebaute Schloß wird die zu diesem Anlaß komponierte Oper „Johann Albrecht" (auch unter dem Titel „Andreas Mylius") von Friedrich von Flotow nach einem Text des Schweriner Schriftstellers Eduard Hobein (1817-1882) uraufgeführt.

1860
Als erste Verdi-Oper in Schwerin: „Rigoletto"

1863
Intendant wird der Jurist und Dichter Gustav Heinrich Gans Edler Herr zu Putlitz (1821-1890); später Hofmarschall beim preußischen Kronprinzenpaar und Intendant in Karlsruhe.

1865
Das Theatergebäude wird durch Anbau an der Bühnenseite erweitert.

1866
Der Rostocker Otto Drewes (1845-1910) debütiert am Hoftheater, dem er 40 Jahre als Baßbuffo angehört (bis 1868, 1872-1910).

1867
Intendant wird Alfred Freiherr von Wolzogen (1823-1883), wieder ein Jurist und Dichter.

1868
Carl Hill (1831-1893) kommt an das Hoftheater (bis 1890) und wird zu einem bedeutenden Wagner-Sänger, von Wagner für die ersten Bayreuther Festspiele 1876 engagiert.

1869
Erstmals „König Ödipus“ von Sophokles

1873
Richard Wagner besucht eine Aufführung seiner Oper „Der fliegende Holländer“.

1875
Das Hoftheater wird umgebaut (bis Herbst 1876, Verputz Sommer 1877). Auch an der Seite zum Alten Garten gibt es jetzt anstelle von sechs Vasen auf dem Mittelrisalit einen Giebel. 200 Zuschauerplätze kommen hinzu.

1877
Uraufgeführt werden die Dramen „Kaiser Friedrich Barbarossa“ (1829) und „Kaiser Heinrich VI.“ (1830) von Christian Dietrich Grabbe.

1878
„Die Walküre“ (uraufgeführt 1870 in München, erstmals 1876 in Bayreuth) und „Siegfried“ (uraufgeführt 1876 in Bayreuth) von Richard Wagner. Elf „Walküre“-Aufführungen in der Schweriner Spielzeit, Sonderzüge u. a. aus Berlin und Hamburg

1880
Johannes Brahms dirigiert seine 2. Sinfonie, sein Chorwerk „Schicksalslied“ und spielt sein 1. Klavierkonzert.

1882
Während einer Vorstellung der Posse „Robert und Bertram“ von Gustav Raeder am 16. April bricht im Bühnenhaus aus ungeklärter Ursache Feuer aus; Großherzog Friedrich Franz II. ist anwesend und ordnet an, daß das Orchester weiterspielt, bis alle Besucher das Haus verlassen haben. Das Theater brennt nieder; ein Feuerwehrmann kommt um. Bereits im Juli beginnt der Bau eines Interimstheaters auf dem Luisenplatz vor dem Bahnhof, das 1183 Plätze und zwei Ränge hat und am 22. Oktober mit Wagners „Tannhäuser“ eröffnet wird.

1883
Im Oktober beginnt der Neubau des Theaters im Sinne des Historismus mit Elementen der Renaissance und des Barocks nach Plänen von Georg Daniel (1829-1913). Intendant wird Karl Freiherr von Ledebur (1840-1913), zuvor neun Jahre Theaterdirektor in Riga. Johannes Brahms dirigiert am 9. Februar seine Akademische Festouvertüre (1880) und ist der Solist in seinem 2. Klavierkonzert (1881); am 8. April dirigiert er „Ein deutsches Requiem“ (1857/68).

1884
Anton Rubinstein dirigiert seine Oper „Der Dämon“ (1871) nach Lermontow.

1886
Am 3. Oktober wird das Hoftheater mit dem Festspiel „Die Weihe des Hauses“ von Gustav zu Putlitz (Musik: Alois Schmidt) sowie der Oper „Iphigenie in Aulis“ von Christoph Willibald Gluck zu Beginn einer Festwoche eröffnet. Es ist das erste öffentliche Gebäude Schwerins mit elektrischer Beleuchtung und hat ein eigenes Kraftwerk. Die Kuppeln der Ecktürme dienen als Wasserreservoir zur Dampferzeugung für die Turbinen im Maschinenhaus und zum Feuerlöschen.
Edmund Lorenz (1854-1938) beginnt seine 44jährige Schweriner Schauspielkarriere als Komiker (1926 erhält er als erster in Deutschland den Titel Kammerschauspieler). Der Düsseldorfer Maler Ernst Hartmann (1818-1900) entwirft, inspiriert von einem Wandgemälde Guido Renis in der römischen Villa Rospigliosi, den Bühnenvorhang „Apollo und die Musen“.

1892
Erstmals Goethes „Faust II“. Hofkapellmeister ist Carl Gille (1861-1917).

1893
Beginn nahezu alljährlicher zyklischer Aufführungen von Richard Wagners Tetralogie „Der Ring des Nibelungen" (bis 1941). Als Solobratscher kommt Clemens Meyer (1868-1958) zur Hofkapelle, auch Mitglied des Schweriner Streichquartetts (bis 1933); als (unbezahlter) Kustos der Musikabteilung der Mecklenburgischen Landesbibliothek (1906-1956) erwirbt er sich große Verdienste um die Erforschung der Schweriner Musikgeschichte.

1896
„Kollege Crampton" von Gerhart Hauptmann (1892)

1897
Hofkapellmeister ist Herman Zumpe (1850-1903), nach 1901 Generalmusikdirektor in München.

1899
„Der Pfeifertag" von Max von Schillings wird uraufgeführt. Mit seiner Oper „Ingwelde" (1894) gastiert Schwerin achtmal in der Berliner Hofoper.

1901
Hofkapellmeister ist Paul Prill (1860-1930).

1903
„Nachtasyl" von Maxim Gorki

1904
1. Heldin (bis 1910) ist Else Wohlgemuth (1881-1972), u. a. in Dramen von Henrik Ibsen, danach am Wiener Burgtheater.

1905
Die Sopranistin Frieda Hempel (1885-1955) ist bis 1907 in Schwerin engagiert, danach an der Berliner Hofoper und an der New-Yorker Metropolitan Opera.

1906
Willibald Kaehler (1866-1938), 1896-1901 Assistent in Bayreuth, wird, aus Mannheim kommend, Hofkapellmeister. Er widmet sich besonders den Werken Richard Wagners, 1911 zum Professor ernannt.

1907
In der Bühnentechnik wird der Rundhorizont eingeführt (erstmals in der Oper „Moloch").

1908
Gastspiel mit den Opern „Moloch" von Max von Schillings und „Sawitri" von Herman Zumpe in Prag.

1911
Die Sopranistin Paula Ucko (1875-1932) kommt an das Hoftheater, singt in fast 20 Jahren große Partien ihres Fachs, 1917 Kammersängerin, Bühnenabschied 1930 als Marschallin im „Rosenkavalier" von Richard Strauss.

1912
Ein Foto der Hofkapelle zeigt 53 Musiker (einschließlich Hilfsmusiker).

1913
In der Oper „Der Rosenkavalier" von Richard Strauss gibt es erstmals eine „echte" dreidimensionale Zimmerdekoration. (Zuvor wurden gemalte Dekorationen mehrfach verwendet.)

1914
Intendant ist der Schauspieler Dr. Alfred Schmidtgen, gen. Schmieden (1874-1914, gefallen). Tilla Durieux (1880-1971) hat einen Gastvertrag als Eliza in „Pygmalion" von George Bernard Shaw.

1915
Karl Freiherr von Dincklage (1872-1952), zuvor Regisseur am Theater Stuttgart, wird der letzte Intendant des Hoftheaters.

1918
Im November wird ein Beirat eingesetzt, dem neben Kapellmeister Kaehler und Regisseur Felsing u. a. auch technische Mitarbeiter angehören. Aus dem Großherzoglichen Hoftheater wird am 15. November das Mecklenburgische Landestheater.

1919
Fritz Felsing (1873-1943), seit 1903 Charakterdarsteller am Schweriner Hoftheater, 1911 auch 1. Schauspielregisseur und 1913 Oberregisseur, wird Intendant. Während der 14 Jahre seiner Intendanz gibt es über 100 Uraufführungen. Das Ballett wird neu belebt, eine Ballettschule für den Nachwuchs gegründet.

1920
Beginn regelmäßiger niederdeutscher Aufführungen. Der ordentliche Landtag von Mecklenburg-Schwerin hält seine Sitzungen im Konzertsaal, der späteren Kammerbühne, ab; auch Fraktions- und Büroräume sind im Theater (bis 1933).

1922
Das Orchester hat 50 Musiker. „Das Märchen von der Liebe", Oper von Walter Lutze, 1. Kapellmeister (1920-

1935), wird uraufgeführt. Mit der Gründung einer „Schweriner Theatergemeinde" soll dem schwachen Theaterbesuch begegnet werden.

1924
Willibald Kaehler wird zum Generalmusikdirektor ernannt.

1925
Mit dem Anschluß an das Schweriner Elektrizitätswerk wird die eigene Stromversorgung aufgegeben. Uraufgeführt wird die erste Oper von Robert Alfred Kirchner (1889-1946): „Der Tod des Musikers" (Libretto: Claus Clauberg). Der Geiger und Komponist gehört dem Schweriner Orchester seit 1907 (bis 1943) und später auch seinem Streichquartett an. Weitere Bühnenwerke, Orchester- und Kammermusik Kirchners werden in Schwerin uraufgeführt, darunter die Opern „Sündflut" (1926), „Marionetten" (1929) und „Abenteuer des Don Quichotte" (1941). Mehrfach vertont er Texte des Schweriner Malers und Dichters Rudolf Gahlbeck (1895-1972).

1926
Das Landestheater wird am 19.September in Mecklenburgisches Staatstheater umbenannt, das Orchester in Mecklenburgische Staatskapelle. Gastspiel mit der im selben Jahr in Schwerin uraufgeführten Oper „Sturmvögel" von Gerhard Schjelderup in Oslo. Im November wird die Niederdeutsche Bühne gegründet; ihr Regisseur und vielfacher Darsteller ist Richard Spethmann (1891-1960). Erste Premiere ist die Komödie „Stratenmusik" von Paul Schurek (1890-1962). 1. Solotänzerin und Ballettmeisterin (bis 1939) ist Liesel Pinkpank (1896-1962).

1928
Ein umfassender Bühnenumbau bringt u.a. versenkbare Podien; die hölzernen Galerien der Bühne werden durch Eisenkonstruktionen ersetzt.

1929
In der Spielzeit 1929/30 sind allein 36 Opern im Repertoire, darunter eine Uraufführung, zwei Erstaufführungen und neun Neuinszenierungen.

1931
Nachfolger Willibald Kaehlers wird Werner Ladwig (1899-1934) als 1. Kapellmeister. Er hat Erfolg mit der in Schwerin uraufgeführten Oper „Friedemann Bach" von Paul Graener und gründet das Collegium musicum, ein Orchester mit Laien. Zum Sänger-

ensemble gehört bis 1932 der Tenor Walther Ludwig (1902-1981), später am Deutschen Opernhaus Berlin und an der Wiener Staatsoper.

1932
Uraufführung einer Bearbeitung der Haydn-Oper „Die Welt auf dem Monde“ von Mark Lothar, von mehreren Rundfunksendern übertragen. „Cardillac“ von Paul Hindemith (1926). Nachfolger Werner Ladwigs wird Dr. Ernst Nobbe (1894-1938).

1933
Intendant Fritz Felsing wird am 22. Februar beurlaubt und am 1. Juni in den Ruhestand versetzt. Die Intendanz wird kurzfristig dem zum Staatskapellmeister ernannten Dr. Ernst Nobbe übertragen. Intendant - bis 1935 - und Generalmusikdirektor - bis 1938 - wird Fritz Mechlenburg (1890-1968).

1935
Intendant wird der Sänger Gustav Deharde (aus Bremerhaven, 1937 nach Stuttgart). Eine moderne Drehbühne wird in Betrieb genommen. Die Nazis lassen eine Aufführung der Operette „Die lockende Flamme“ (1933) von Eduard Künneke wegen dessen jüdischer Frau auspfeifen; die Inszenierung wird abgesetzt.

1937
Intendant wird der Sänger Alois Hadwiger.

1938
Generalmusikdirektor wird Hans Gahlenbeck (1896-1975), zunächst bis 1945, dann von 1948 bis 1950.

1939
Hans Gahlenbeck wird Staatskapellmeister.

1943
Mit Goethes „Torquato Tasso“ wird die aus dem umgebauten Konzertsaal entstandene Kammerbühne eröffnet.

1944
Intendant wird der Schauspieler Dr. Walter Falk. Am 31. August findet mit Beethovens „Fidelio“ die letzte Vorstellung vor dem Ende der Naziherrschaft statt. Am 15. und 29. Januar 1945 gibt es noch konzertante Aufführungen von Mozarts „Don Giovanni“ im Perzina-Saal, am 12. März eine Kindervorstellung auf der Kammerbühne.

1945
Wiedereröffnung, nachdem das Theater kurzzeitig als Durchgangslager für entlassene Kriegsgefangene und Sanitätsstation gedient hatte, am 29. Mai mit „Wiener Blut“ von Johann Strauß. Gespielt wird zunächst ausschließlich für die amerikanische, dann die englische Besatzungsmacht mit der deutschen Bevölkerung nur auf dem 2. und 3. Rang. Der Befehl der Engländer, das Schweriner Theater mit seinem Personal und dem Fundus nach Hamburg zu verlagern, um von dort aus Norddeutschland zu bespielen, bleibt nach einer Betriebsversammlung unausgeführt.
Nach dem Einzug der Sowjetarmee am 1. Juli steht den Schwerinern das ganze Haus wieder offen, doch es gibt auch einzelne geschlossene Vorstellungen für die Besatzungsmacht. Intendant wird der Sänger, Schauspieler und Bühnenautor Werner Bernhardy (1884-1953). Am 17. Juli beginnt der reguläre Spielbetrieb mit Otto Nicolais Oper „Die lustigen Weiber von Windsor“, am 25. Juli gibt es das erste Sinfoniekonzert, dirigiert von Karl Etti, am 17. August die erste Schauspielinszenierung: „Sturm im Wasserglas“ von Bruno Frank auf der Kammerbühne und am 26. August im Großen Haus Schillers „Kabale und Liebe“. Die Niederdeutsche Bühne beginnt am 6. September mit Paul Schureks „Snieder Nörig“. Ballettmeisterin ist Grita Krätke (bis 1951), später an der Berliner Staatsoper.

1946
Die Schauspielerin Lucie Höflich (1883-1956) wird als Schauspieldirektorin engagiert (bis 1950). Sie inszeniert u. a. „Die Illegalen“ von Günther Weisenborn und „Frau Warrens Gewerbe“ von George Bernard Shaw. Großen Erfolg hat ein Gastspiel mit Paul Wegener und Eduard von Winterstein in Lessings „Nathan der Weise“ am 27. und 28. März.
Die erste Spielzeit nach dem Kriege bringt 20 Schauspielinszenierungen, darunter als erstes sowjetisches Drama „Stürmischer Lebensabend“ von Leonid Rachmanow in deutscher Erstaufführung, acht Opern, zehn Operetten und sieben niederdeutsche Stücke. Generalmusikdirektor ist Karl Köhler.
Die Niederdeutsche Bühne erhält den Namen Fritz-Reuter-Bühne, geleitet von dem Schauspieler Richard Spethmann (bis 1956). Lucie Höflich leitet bis 1948 am Mecklenburgischen Staatstheater eine Schauspielabendschule mit

zwei Studios; 1947 wird sie zum Professor ernannt.

1947
Intendant ist Josef R. Lorandt, nach seinem Tod ein Kuratorium mit Edgar Bennert, Lucie Höflich, Karl Köhler und Manfred Hinzpeter. Zum Schauspielensemble gehören die spätere Brecht-Interpretin Gisela May (bis 1950) und Otto Mellies (1949 sowie 1951 bis 1953). Für Lustspiele - auch mit Musik - wird im Perzinasaal in der Wismarschen Straße das Kleine Theater gegründet, 1948/49 geprägt durch den Schauspieler und Regisseur Werner Stock (1903-1972); es besteht bis 1950.

1948
Intendant wird der vom Güstrower Theater kommende Intendant und Bühnenbildner Otto Kähler. Generalmusikdirektor ist Hans Gahlenbeck (bis 1950), Oberspielleiter der Oper (später Operndirektor) Erwin Bugge (1908-1983, bis 1964). Die Gesellschaft zum Studium der Kultur der Sowjetunion (ab 1949 Gesellschaft für Deutsch-Sowjetische Freundschaft) richtet in ihrem Haus (dem ehemaligen Neustädtischen Palais) die Maxim-Gorki-Bühne mit eigenem Ensemble ein (u. a. Ruth-Maria Kubitschek); sie besteht bis 1950 und bildet danach den Grundstock für das Schauspiel der Landesbühnen Sachsen in Radebeul.

1949
Intendant, zunächst kommissarisch, wird der Schauspieler Edgar Bennert (1890-1960), als Widerstandskämpfer 1933 bis 1945 in NS-Konzentrationslagern. Hans Burckhardt inszeniert Goethes „Faust I“. Rudolf Schallers Übersetzung der „Antigone“ von Sophokles wird uraufgeführt. Kapellmeister (bis 1950 und 1952 bis 1956) ist Hans Wallat (geb. 1929), später namhafter Dirigent in Westdeutschland.

1950
Generalmusikdirektor wird Rudolf Neuhaus (1914-1990), der seit 1945 in Schwerin 1. Kapellmeister war. Die Komödie „Das Holunderwäldchen“ von Alexander Kornejtschuk über Probleme der sowjetischen Landwirtschaft (Regie: Hannes Fischer) wird heftig diskutiert und erreicht 75 Aufführungen.
Zum Schauspielensemble gehören Eberhard Mellies (bis 1960), Johanna Bassermann (bis 1955) und Marion van de Kamp (bis 1951). Die Schauspielschule wird aufgelöst. Verdis Oper

„Aida“ auf den Museumstreppen am Alten Garten

1951
Edgar Bennert wird zum Intendanten berufen. Bis zu seinem Tod 1960 inszeniert er zehn Stücke und wirkt in 26 als Schauspieler mit. Erste Brecht-Aufführung in Schwerin: „Herr Puntila und sein Knecht Matti“. Zum Schauspielensemble gehören Fred Düren (bis 1953) und Irma Münch (bis 1953).

1952
Die erste von 19 Shakespeare-Übersetzungen des Schweriners Rudolf Schaller (1891-1984), „Die lustigen Weiber von Windsor“, wird uraufgeführt. Festwoche sowjetischer Bühnenwerke, darunter die deutsche Erstaufführung des Dramas „Intervention“ (1932) von Lew Slawin. Die Sopranistin Hanne-Lore Kuhse (geb. 1925) singt große Partien ihres Fachs, darunter Wagners Senta, Brünnhilde und Isolde sowie die Marschallin im „Rosenkavalier“ von Richard Strauss (bis 1959), Nationalpreis 1962. Zum Schauspielensemble gehört Hans-Peter Minetti. Als erstes Theater in der DDR veranstaltet das Mecklenburgische Staatstheater Besucherkonferenzen.

1953
Generalmusikdirektor wird Dr. Karl Schubert.

1955
Gastspiel mit dem Drama „Der Teufelskreis“ von Hedda Zinner, einem Stück über den Reichstagsbrandprozeß mit Georges Stanescu als Dimitroff, in elf Städten der Bundesrepublik (zum Abschluß im Zirkus Althoff in Frankfurt/Main)

1957
Shakespeares „Hamlet“ mit Eberhard Mellies in der Übersetzung Rudolf Schallers. Edgar Bennert gründet eine Agit-Prop-Gruppe für Auftritte bei politischen Veranstaltungen. Die Fritz-Reuter-Bühne gibt in der Spielzeit 1957/58 insgesamt 215 Vorstellungen, davon 132 in 35 anderen Orten.

1958
Musikalischer Oberleiter ist Kurt Masur (1959 GMD, bis 1960), 1970 bis 1996 Gewandhauskapellmeister in Leipzig und 1990 Chefdirigent der New-Yorker Philharmonie.

1959
25 300 Besucher haben ein Theateranrecht.

1960
Intendant wird Karl Görs, Generalmusikdirektor Heinz Fricke.

1962
Generalintendant wird der Filmregisseur und Schauspieler Prof. Martin Hellberg (aus Potsdam-Babelsberg).
Generalmusikdirektor (bis 1969) ist Klaus Tennstedt (1926-1998). Hellberg leitet u. a. ein „Ring"-Projekt, von dem „Das Rheingold" und „Die Walküre" realisiert werden, Tennstedt setzt sich in Oper und Konzert für die Musik des 20. Jahrhunderts ein.

1963
In der Festwoche zum 400jährigen Bestehen der Mecklenburgischen Staatskapelle werden die Bach-Variationen für großes Orchester von Paul Dessau uraufgeführt. Martin Hellberg inszeniert Schillers Wallenstein-Trilogie (Titelrolle: Hansjoachim Büttner). Der Generalintendant wird wegen Mißachtung des Staatshaushalts entlassen. Das Theater wird kommissarisch von dem Dramaturgen Heiner Maaß und Operndirektor Erwin Bugge geleitet.

1964
Generalintendant ist, von den Landesbühnen Sachsen in Radebeul kommend, Rudi Kostka.

1966
„Cardillac" von Paul Hindemith (Neufassung von 1952), inszeniert von Reinhard Schau, in der Titelpartie Siegfried Backhaus

1970
Generalmusikdirektor ist Jochen Wehner.

1973
Generalmusikdirektor ist Prof. Horst Förster.

1974
Schauspieldirektor wird, von der Berliner Volksbühne kommend, Christoph Schroth (bis 1989). Das Schweriner Schauspiel (Regie: Christoph Schroth) und das Maxim Gorki Theater Berlin (Regie: Albert Hetterle) bringen als DDR-Ringeraufführung die Reportage „Das Wetter für morgen" von Michail Schatrow heraus.

1976
Generalintendant ist der Sänger und Intendant Fritz Wendrich (aus Stralsund). „Entdeckungen" mit acht Aufführungen und Programmen an ei-

nem Abend. Generalmusikdirektor ist Hartmut Haenchen (bis 1979).

1978
„Brecht-Entdeckungen" mit acht Stükken und Programmen an einem Abend. Christoph Schroth inszeniert eine Dramatisierung von Brigitte Reimanns Roman „Franziska Linkerhand".

1979
Am 28. September Premiere von Goethes „Faust I und II" an einem Abend (als Abteilung 1 von „Entdeckungen III", als Abteilung 2 am 5. Oktober Premiere von „DDR-Entdeckungen" mit elf Stücken und Programmen) in der Regie von Christoph Schroth, vier Darsteller spielen den Faust, Mephisto: Lore Tappe (bis 1989 ingesamt 106 Aufführungen)

1981
„Entdeckungen IV" mit neun Stücken und Programmen an drei Abenden: „Einstein", Oper von Paul Dessau; „Das siebte Kreuz" nach Anna Seghers von Bärbel Jaksch und Heiner Maaß; mehrere Stücke neuer DDR-Dramatik

1982
Das Theater wird ab 1. August von dem Sänger Rainer Thiede (SED-Parteisekretär), dem Schauspieler Heinrich Schmidt (Gewerkschaftsvorsitzender) und Verwaltungsdirektor Franz Tichatschke geleitet. DDR-Erstaufführung von Bertolt Brechts „Trommeln in der Nacht" (Regie: Christoph Schroth). „Antike-Entdekkungen" („Entdeckungen V") mit „Iphigenie in Aulis" von Euripides/Schiller, „Die Troerinnen" von Euripides/Sartre und der DDR-Erstaufführung des Dramas „Agamemnon" von Gerhard Kelling nach Aischylos (alle in der Regie von Christoph Schroth) sowie der Uraufführung „Die Acharner oder Der private Frieden" von Kurt Bartsch nach Aristophanes

1983
Amtierender Generalintendant (ab 26. Januar) ist Ingrid Wille (vom Rat des Bezirkes Schwerin), Generalintendant ab 1. Oktober die Theaterwissenschaftlerin Dr. Liane Pfelling (vom Ministerium für Kultur Berlin), Generalmusikdirektor Johannes Winkler (bis 1985). Christoph Schroth wird Mitglied der Akademie der Künste der DDR.

1984
Kommissarischer Generalintendant (ab 1. November) ist Christoph Schroth (bis 30. Juni 1986). Friedrich Schillers

„Demetrius-Fragment“ und Volker Brauns „Dmitri“ an einem Abend (Regie: Christoph Schroth).
Schroth erhält den Nationalpreis der DDR. Während seiner Schweriner Zeit gastiert das Schauspielensemble u. a. in der Bundesrepublik, Frankreich, Griechenland und Österreich.

1986
Amtierender Generalintendant (ab 1. Juli bis 1. März 1987) ist Ingrid Wille. Das Innere des Hauses wird umgebaut, die Beleuchtungsanlage modernisiert; gespielt wird u. a. im Marstall. „Romeo und Julia“ als erstes Stück eines Shakespeare-Projekts. Ernst Barlachs Drama „Die echten Sedemunds“ hat Premiere in Güstrow.

1987
Generalintendant ist der Schauspieler und Intendant Alfred Nicolaus (aus Greifswald).
Der Umbau des Zuschauerraums und der Neubau des Kulissenhauses sind im Mai fertiggestellt. Chefdirigent ist Fred Buttkewitz.

1988
Bei den Festtagen zum 425jährigen Bestehen der Mecklenburgischen Staatskapelle dirigieren Horia Andrescu, Fred Buttkewitz, Manfred Hänsel, Kurt Masur und Juri Simonow.

1989
Christoph Schroth zeigt in Schillers „Wilhelm Tell“ (Premiere am 3. Februar) deutliche Bezüge zur Wirklichkeit in der DDR. Die Inszenierung wird am 10. Oktober in der Berliner Volksbühne aufgeführt.

1990
Generalmusikdirektor ist Russlan Raytscheff (aus Sofia).

1991
Generalintendant ist Mario Krüger (aus Braunschweig). Im März Gründung der Gesellschaft der Freunde des Mecklenburgischen Staatstheaters Schwerin e.V.

1993
Die Theaterleitung haben Joachim Kümmritz (Geschäftsführender Intendant), Werner Saladin (Opernintendant) und Dr. Ingo Waszerka (Schauspielintendant).
Generalmusikdirektor ist Ivan Törzs (aus Karlsruhe).Beginn allsommerlicher Schloßfestspiele im Schloßhof mit „Doktor Faustus“ von Christopher Marlowe.

1998
Mit dem Vorderdach beginnt eine Sanierung des Theatergebäudes, für die die Landesregierung jährlich 4,8 Millionen DM aufwendet. Ende Mai wird, nachdem die Kammerbühne wegen des schlechten Bauzustands geschlossen werden mußte, eine Spielstätte im umgebauten ehemaligen Elektrizitätswerk (1904) am Nordufer des Pfaffenteichs übernommen. Die Mecklenburgische Staatskapelle hat 86 Mitglieder.
Die Gesellschaft der Freunde des Mecklenburgischen Staatstheaters Schwerin e. V. stiftet einen jährlich zu verleihenden Conrad-Ekhof-Preis für einen Nachwuchs-Theaterkünstler, erstmals vergeben an Ballettdirektor Stefan Haufe.

1999
Generalintendant ist Joachim Kümmritz.

Dank für informative Gespräche und für Hilfe bei der Bildauswahl vor allem an Günter Grewolls und Hannah Kuhnert (Mecklenburgisches Staatstheater), sodann an Grete Grewolls (Landesbibliothek Mecklenburg-Vorpommern), Kurt Harland (Stadtarchiv Schwerin), Raimund Jedeck (Musikaliensammlung der Landesbibliothek), Dieter Klett (Mecklenburgisches Staatstheater), Dr. Peter-Joachim Rakow (Landeshauptarchiv Schwerin) und Dr. Ralf Wendt (Mecklenburgisches Volkskundemuseum)

W. St.

Johann Friedrich Schönemann
(1704-1782)

Conrad Ekhof
(1720-1778)

Johann Wilhelm Hertel
(1727-1789)

Johann Krampe
(1774-1849)

Georg Adolph Demmler
(1804-1886)

Karl Zöllner
(um 1790-1855)

Albert Ellmenreich
(1816-1905)

Friedrich von Flotow
(1812-1883)

Alois Schmitt
(1827-1902)

Gustav Heinrich Gans zu Putlitz
(1821-1890)

Otto Drewes
(1845-1910)

Alfred von Wolzogen
(1823-1883)

Carl Hill
(1831-1893)

Karl von Ledebur
(1840-1913)

Edmund Lorenz
(1854-1938)

Herman Zumpe
(1850-1903)

Paul Prill
(1860-1930)

Frieda Hempel
(1885-1955)

Willibald Kaehler
(1866-1938)

Paula Ucko
(1875-1932)

Karl von Dincklage
(1872-1952)

Fritz Felsing
(1873-1943)

Clemens Meyer
(1868-1958)

Richard Spethmann
(1891-1960)

Liesel Pinkpank
(1896-1962)

Robert Alfred Kirchner
(1889-1946)

Werner Ladwig
(1899-1934)

Fritz Mechlenburg
(1890-1968)

Hans Gahlenbeck
(1896-1975)

Lucie Höflich
(1883-1956)

Edgar Bennert
(1890-1960)

Rudolf Schaller
(1891-1984)

Erwin Bugge
(1908-1983)

Hanne-Lore Kuhse
(geb.1925)

Kurt Masur
(geb. 1927)

Martin Hellberg
(geb. 1905)

Klaus Tennstedt
(1926-1998)

Heinrich Schmidt
(1922-1991)

Christoph Schroth
(geb. 1937)

Ivan Törzs
(geb. 1954)

Ein Wort danach

Überlegungen, ein Buch über die Geschichte und über Geschichten des Mecklenburgischen Staatstheaters Schwerin herauszubringen, wurden von uns im Jahre 1997 erstmalig angestellt.

Bei den vorbereitenden Gesprächen mit Dr. Margot Krempien als Inhaberin des Demmler Verlages und mit dem Geschäftsführenden Intendanten des Theaters, Joachim Kümmritz, ergab sich, daß schon Kontakte zu den Autoren Jürgen Borchert, Dr. Werner Stockfisch und Manfred Zelt bestanden. Es waren auch bereits Gedanken über so ein zukünftiges Buch entwickelt und Material gesammelt. So konnte alles doch recht schnell realisiert werden.

Wir freuen uns, daß dieses Buchprojekt gemeinsam mit unserer Gesellschaft entstanden ist.

Unser Dank gilt dem Kultusministerium des Landes Mecklenburg-Vorpommern, der Nord /LB Landesbank für Mecklenburg-Vorpommern und der Sparkasse Schwerin sowie dem jetzt in Hamburg lebenden Schweriner Heinrich Eggers und Holger Saubert für die Unterstützung des Vorhabens. Dank auch an die Verlegerin Dr. Margot Krempien. Insbesondere haben wir den Autoren zu danken, die in relativ kurzer Zeit dieses lesenswerte und interessante Buch zusammengestellt haben.

Wir wünschen dem Buch eine weite Verbreitung und hoffen, somit auch zur weiteren Popularisierung des Mecklenburgischen Staatstheaters Schwerin beitragen zu können.

Gesellschaft der Freunde
des Mecklenburgischen Staatstheater e.V.
Manfred Walther, Vorsitzender

Bildnachweis

Archiv des Mecklenburgischen Staatstheaters: S. 70, 71, 73, 74, 81, 84, 86, 88, 91, 93, 95, 97, 99, 101, 103, 104, 105, 107, 108, 110, 113, 118, 121, 124, 127, 132, 133, 136, 141, 146, 158, 163, 165, 166, 173, 180, 182, 193, 199 (davon Sigrid Meixner, ab S. 98)
Peter Festersen: S. 4, 102, 184
Günter Grewolls: S. 40, 47, 55, 62, 65, 66, 67, 72, 81, 90
Landesbibliothek Mecklenburg-Vorpommern: S. 15, 18, 20, 35, 47, 50, 56, 57, 59, 61, 65, 68, 70
Horst Pedersen: S. 53
Staatliches Museum Schwerin: S. 8, 40
Stadtgeschichtsmuseum Schwerin: S. 45
Demmler Verlag: S. 28, 30, 32, 34, 64, 69

Literatur

Hans Wilhelm Bärensprung: Versuch einer Geschichte des Theaters in Mecklenburg-Schwerin. Schwerin 1837
Friedrich Wedemeyer: Beiträge zur Geschichte des Großherzoglichen Hoftheaters in Schwerin während der ersten 25 Jahre seines Bestehens 1836-1861. Schwerin 1861
Ludwig Fromm: Chronik der Haupt- und Residenzstadt Schwerin. Schwerin 1862
Gustav Quade: Chronik der Haupt- und Residenzstadt Schwerin. Fortsetzung der L. Fromm'schen Chronik für die Jahre 1861-1891. Schwerin 1892
Karl Freiherr von Ledebur: Aus meinem Tagebuche. Ein Beitrag zur Geschichte des Schweriner Hoftheaters 1883-1897. Schwerin 1897
Clemens Meyer: Geschichte der Mecklenburg-Schweriner Hofkapelle. Schwerin 1913
Wilhelm Jesse: Geschichte der Stadt Schwerin. Schwerin 1913 und 1920
Helene Tank: Geschichte des Schweriner Hoftheaters 1836-1882. Phil. Dissertation. Rostock 1922. Gekürzter Abdruck: Jahrbücher des Vereins für

mecklenburgische Geschichte und Altertumskunde (87) 1923 und (88) 1924
Albert Ellmenreich: 1836-1859. Alt-Schweriner Hoftheater. Schwerin 1923
Hermann Milenz: Die Geschichte des Großherzoglichen Hoftheaters zu Schwerin 1882-1918. Typoskript (Stadtarchiv Schwerin). Schwerin 1929
Hermann Milenz: Aus dem Musikleben der Landeshauptstadt Schwerin i. M. Schwerin 1933
Clemens Meyer: Unser Theater. Ein Gang durch die Geschichte des Mecklenburgischen Staatstheaters 1557-1936. Schwerin 1936
Hermann Milenz: Abriß der mecklenburgischen Musikgeschichte bis zum Jahre 1933. Typoskript (Landesbibliothek M-V). Schwerin 1936.
Hermann Milenz: Beiträge der Mecklenburger zu dem 100jährigen Repertoire ihres Staatstheaters zu Schwerin von 1836 bis 1935. Typoskript (Landesbibliothek M-V). Schwerin 1936
Hermann Milenz: Die Neuheiten des Mecklenburgischen Staatstheaters zu Schwerin und das Repertoire vom 17. Januar 1836 bis Ende Dezember 1935. Typoskript (Landesbibliothek M-V). Schwerin 1936
Hermann Milenz: Mecklenburgische Musikgeschichte bis zum Jahre 1933. Schwerin 1940
Conrad-Ekhof-Woche. Festwoche des deutschen Schauspiels 14. Juni bis 21. Juni 1953. Herausgegeben von der Dramaturgie des Mecklenburgischen Staatstheaters. Schwerin 1953
Hugo Fetting (Hrsg.): Conrad Ekhof. Ein Schauspieler des achtzehnten Jahrhunderts. Berlin 1954
125 Jahre Mecklenburgisches Staatstheater Schwerin. Schwerin 1961
Hans Erdmann: Schwerin als Stadt der Musik. Lübeck 1967
Theaterarbeit in Schwerin. Herausgegeben vom Mecklenburgischen Staatstheater. Schwerin 1974
Barbara Kühle, Heinz Neumann: Künstler, Kämpfer, Kommunist. Edgar Bennert - eine Chronik seines Lebens. Schwerin 1985
Renate Ullrich: Schweriner Entdeckungen. Ein Theater im Gespräch. Berlin 1986
Jürgen Borchert: 60 Jahre Fritz-Reuter-Bühne. Versuch einer kleinen Thea-

tergeschichte. Schwerin 1986
425 Jahre Mecklenburgische Staatskapelle. Werden und Gegenwart eines Orchesters. Schwerin 1988
Mecklenburgisches Staatstheater Schwerin. Spielzeit 1990/91. Redaktion: Thomas Wieck, Helmut Schulz. Schwerin 1990
Jürgen Borchert: Schwerin - so wie es war. Düsseldorf 1991
Grete Grewolls: Wer war wer in Mecklenburg-Vorpommern? Ein Personenlexikon. Bremen 1995
Peter von Magnus: Das Kleine Theater als Lustspielhaus des Mecklenburgischen Staatstheaters. Schwerin 1996
Fritz-Reuter-Bühne 1926-1996. Wat 'n Theater. Herausgegeben vom Förderverein Fritz-Reuter-Bühne. Schwerin 1996

Die Autoren

Jürgen Borchert, *geboren 1941 in Perleberg, studierte Bibliothekswesen in Berlin und Leipzig. 1965 bis 1981 Bibliothekar in Perleberg und Schwerin. Seither freier Schriftsteller und Publizist; zahlreiche Buchveröffentlichungen. Jürgen Borchert lebt in Schwerin.*

Werner Stockfisch, *geboren 1935 in Schwerin, studierte Kunstgeschichte und Philosophie an der Berliner Humboldt-Universität. 1959 bis 1991 Feuilletonchef der „Norddeutschen Zeitung" bis zu deren Einstellung. 1984 Promotion (Kunstwissenschaft). Autor mehrerer Bücher.*
Dr. Werner Stockfisch lebt in Schwerin.

Manfred Zelt, *geboren 1934 in Gera, studierte Journalistik in Leipzig; Gasthörer bei Hans Mayer und an der Theaterhochschule (Dramaturgie). Seit 1957 Redakteur und Theaterkritiker der „Norddeutschen Zeitung" in Schwerin,später auch Mitarbeit an „Theater der Zeit" und „Sonntag". Seit 1991 kulturjournalistische Arbeit an der „Schweriner Volkszeitung".*
Manfred Zelt lebt in Schwerin.

Personenregister

Seitenzahl mit * verweist auf Bild

Gesellschaft der Freunde des Mecklenburgischen Staatstheaters Schwerin e.V.

Die Gesellschaft der Freunde des Mecklenburgischen Staatstheaters Schwerin e.V. wurde 1991 gegründet.

Die Gesellschaft hat sich u.a. zur Aufgabe gestellt:

Werbung für das Theater mit dem Ziel, die Schweriner Theatertradition zu bewahren und fortzusetzen

Förderung von Veranstaltungen und Begleitung der Arbeit des Theaters

Jährliche Verleihung des Conrad-Ekhof-Preises an einen jungen Künstler des Theaters

Herausgabe der Schweriner Theater-Medaillen, deren Erlöse dem Theater zufließen

Übersendung des jährlichen Theateralmanachs und des monatlichen Spielplans an die Mitglieder der Gesellschaft

Organisation von Theaterreisen und Vortragsveranstaltungen

Unterstützung beim Kartenerwerb für Theaterfeste und andere Veranstaltungen

Unterstützung des Jugendtheaters und Durchführung eines Schülerprojektes